Bibliografische Information der Deutschen Nationalbibliothek:
Die Deutsche Nationalbibliothek verzeichnet diese Publikation
in der Deutschen Nationalbibliografie; detaillierte bibliografische
Daten sind im Internet über www.dnb.de abrufbar.

© 2016 Nym Pseudo

Herstellung und Verlag:
BoD – Books on Demand, Norderstedt

ISBN 9783741272738

kapitelübersicht

einleitender teil

einleitung und bemerkungen zum „schreibstil"	seite 6
was und wen ich mit diesem buch erreichen möchte	seite 9
wer ich bin	seite 15
erläuterung zum titel	seite 26

soziologischer teil

einleitung hauptteil	seite 30
man macht	seite 32
regeln!, normen!, „zwänge"! – und was ist mit werten?	seite 37
homo suicidalis	seite 48
hamsterrad	seite 52
müssen oder wollen?	seite 56
entschleunigung – im jetzt leben, mit leichtem gepäck	seite 58
aussteigen	seite 68

gesellschaftsspezifische fragen und probleme

zwischenbericht	seite 71
probleme	seite 73
glaube	seite 76
liebe und sexualität	seite 77
kinder kriegen – ja oder nein?	seite 79
kinderbetreuung und erziehung	seite 80
künstliche intelligenz	seite 83
moderne medizin – fluch und segen	seite 85
strafrecht – unser umgang mit tätern	seite 87

existenzberechtigung — seite 90
haustiere halten – ja oder nein? — seite 93
fleisch essen – ja oder nein? — seite 95
unsere ernährung und die auswirkungen auf unsere gesundheit — seite 98
gleichberechtigung — seite 100
grenzen — seite 102

philosophischer teil

überleitung — seite 109
entscheidungen — seite 111
gut und böse — seite 112
beurteilung und umgang mit „anomalien" — seite 115
cogito ergo sum. — seite 122
folgerungen — seite 132
zufall oder schicksal? — seite 139
gehirn im tank — seite 143
das leben — seite 145
der tod — seite 146
unsterblichkeit — seite 147
der (un)sinn des lebens — seite 149

schlussteil

schlusswort — seite 152
quintessenz — seite 155

einleitung und bemerkungen zum „schreibstil"

Hallo, hey, und hi!

Ich möchte dich von ganzem herzen willkommen heissen.
Es freut mich ausserordentlich dass du dieses buch zur hand genommen hast. Und besonders würde es mich freuen wenn wir zusammen den ganzen weg bis zum bitteren ende, also bis zur allerletzten seite gehen würden. Wenn es ganz ganz dumm läuft für mich dann denkst du sogar bei jeder einzelnen seite dass diese schon die/das „allerletzte" war. Ich verspreche dir aber dass es, auch wenn du womöglich sehr viele unfassbar schlecht geschriebene seiten antreffen wirst, nur eine einzige allerletzte seite geben wird. Diese wird, angenommen du liest von links nach rechts, was dem verständnis des textes zuträglich wäre und derselben richtung entspräche in der ich das ganze hier geschrieben habe, ganz zum schluss dieses skripts zu finden sein. (Liest du allerdings von rechts nach links, was ich absolut niemandem verbieten möchte, hättest du die letzte seite als erstes gelesen und somit längst hinter dir. Dann würde ich dich an der stelle jetzt beglückwünschen: „Hey gratuliere, du bist soeben auf der letzten seite angekommen! Noch ein paar sätze und du hast es schafft! – C'mon!")

Sorry, tut mir leid! Ich hatte gerade eine kurze „psycho-attacke". Wenn du nicht auch „un poco loco" bist, wurdest du eventuell nicht wirklich schlau aus den letzten paar sätzen. Das nähme ich in demfall getrost auf meine kappe und hoffe dass diese attacken in der fortführung seltenheitswert geniessen werden...

Ich werde dich im folgenden immer mit „du" ansprechen. Ich hoffe das ist in ordnung für dich.

(Ansonsten dürfen sie gerne die „dus", „dichs" und „deins" als „sies" und „ihrs" lesen…oder die du-form durchstreichen und die sie-form hinschreiben. Gleiches vorgehen steht ihnen jeweils offen wenn sie schreibfehler oder fehler bezüglich der interpunktion entdecken. Immer wenn sie einen fehler gefunden haben, dürfen sie sich in gedanken gerne vorstellen dass ich sie beklatsche – pro fehler jeweils einen klatsch. Aber ich bin diesbezüglich zuversichtlich dass da bis zum ende des buches ein ganz schön pompöser applaus entstünde, würde man all die einzelnen klatsche aneinanderreihen. Übrigens auch aus dem grund dass ich jetzt, zum moment des schreibens, noch nicht weiss ob ich diese „arbeit" zum schluss überhaupt noch überarbeiten und redigieren werde/werden lasse.)

Wie du wahrscheinlich festgestellt hast, sind alle wörter im buchtitel und auch in der kapitelübersicht kleingeschrieben. Und wie du mit sicherheit schon jetzt bemerkt hast, geht es in diesem stile weiter. Weil, wie ich in einem buch von john green gelernt habe, ist es ungerecht gegenüber den kleingeschriebenen wörter, wenn so manch andere wörter grossgeschrieben werden. Die figur in john green's buch hat sich dazu entschieden die buchstaben völlig willkürlich klein oder gross zu schreiben. Da mir diese lösung jedoch relativ mühsam und aufwendig umzusetzen erscheint, schreibe ich grundsätzlich alles klein. Die ausnahme macht jeweils der satzanfang, ganz einfach aus dem grund der besseren lesbarkeit, denn so einen kleinen . am ende des satzes kann man durchaus schnell mal übersehen.

Auch die kommas und allenfalls weitere satzzeichen werde ich nicht allzu konform der allgemeinen satzzeichenregeln setzen. Zwar habe ich die gängigen regeln der zeichensetzung durchaus verstanden und könnte den grössten teil jener zeichen korrekt setzen, allerdings setze ich beispielsweise kommas nur dort ein wo dies meiner meinung nach die lesbarkeit deutlich verbessert respektive es mir mehr oder minder mühsam zu lesen erscheint, stünde an der stelle kein komma.

Abschliessend zu meinem schreibstil und meinem sprachgebrauch möchte ich sagen dass ich weder germanistik noch literatur oder sonst irgendein fach studiert habe welches dem schreiben eines buches in irgendeiner art und weise zuträglich wäre. Wenn du also die deutsche sprache liebst und darauf hoffst von einem genialen schreibstil und/oder von fremdwörtern noch und nöcher unterhalten und begeistert zu werden, dann wurde deine hoffnung wohl schon jetzt im keime erstickt. Ich, als mensch mit einer halbwegs guten schulbildung, gebe mir aber sicher mühe dafür zu sorgen dass du meinen gedanken und ideen folgen kannst. Sollte dies das eine oder andere mal nicht möglich sein, würde die hauptursache dafür wohl nicht im (miss)brauch der sprache liegen...und nein, damit möchte ich nicht andeuten dass du dann wohl zu doof bist um dieses buch zu lesen. Vielmehr dürftest du solche momente abbuchen mit dem vermerk: „Ist der verfasser dieser worte noch ganz sauber?"

was und wen ich mit diesem buch erreichen möchte

Zuerst einmal muss ich dazu sagen dass der ausdruck „buch" zum jetzigen zeitpunkt eigentlich in keinster art und weise zutrefflich ist. Denn augenblicklich sitze ich vor meinem pc-bildschirm, tippe mittels tastatur wörter ein und habe ehrlich gesagt keine ahnung was aus diesem unterfangen wird.
Waren dies die einzigen zeilen die ich geschrieben haben werde weil ich morgen nicht mehr aufwache?
Werde ich mir künftig nicht die zeit nehmen um weiterzuschreiben?
Werde ich meine gedanken zwar aufschreiben aber für mich behalten?
Oder sie einer oder mehreren bezugspersonen weitergeben?
Oder werde ich meine niederschrift als buch drucken lassen und allenfalls sogar verlegen lassen?
Wie du merkst, habe ich diesbezüglich noch keine ahnung.

Ich habe auch noch keinen blassen schimmer welche anzahl seiten beim aufschreiben meiner gedanken zusammenkommen werden. Zwar habe ich einige themen notiert über welche ich gerne etwas schreiben würde aber wie viele seiten mir meine gedanken abverlangen werden – kein plan.
Bisher habe ich nicht viele bücher gelesen aber ich denke so gut wie alle davon hatten über hundert seiten.
Bekomme ich also nur eine ein- oder zweistellige anzahl geschriebener seiten zusammen wäre dieses „werk" wohl eher im kinderbuch-sektor anzusiedeln oder als etwas längere notiz zu verstehen.
Was ich aber weiss, ist dass meine bisher umfangreichste schriftliche arbeit etwa fünfzig A4-seiten lang war. Dies war ein vortrag in der schule über die stadt barcelona, wobei viele bilder dazu beitrugen dass

daraus diese durchaus stattliche anzahl seiten wurden. Ausserdem habe ich wohl einige der seiten nur aus dem internet kopiert und lediglich die formatierung angepasst. Trotzdem habe ich damals für diese arbeit viele stunden damit verbracht auf die tastatur einzutippen.

Darum, und vor allem weil ich dieses mal quasi nur aus meinem eigenen gedankengut schöpfen kann, fällt es mir einigermassen schwer zu glauben dass hieraus noch mehr als die für den schulvortrag genannte anzahl seiten entstehen könnten. Deshalb schicke ich voraus dass es mir hierbei nicht darum geht eine bestimmte anzahl seiten zu erreichen respektive zu überschreiten. Natürlich aber würde sich eine gewisse zufriedenheit einstellen wenn ich am ende sähe dass mein geistiges eigentum einen gewissen umfang hat. Da ich aber keinen roman schreiben werde, welcher ja wohl zumindest knapp eine dreistellige seitenzahl aufweisen sollte, werde ich mir keine mühe dabei geben das ganze künstlich in die länge zu ziehen.
Zudem würde ich persönlich – als nicht-leseratte – viel lieber zehn seiten lesen als tausend seiten (nicht) lesen. Und schliesslich kann unter umständen in einem einzigen satz mehr weisheit stecken als in tausend seiten.

Ich möchte also nur das schreiben was ich wirklich schreiben möchte. Lesen habe ich früher eigentlich immer gehasst sobald es mehr als nur ein paar zeilen und sätze waren. In den letzten jahren habe ich doch einige wenige bücher gezielt ausgesucht und gelesen.
Die idee irgendwann einmal selbst etwas mehr als nur einen brief, eine postkarte, e-mails oder sms-nachrichten zu schreiben, hatte ich schon lange. Bisher habe ich mir aber nie die zeit dafür genommen. Es braucht ehrlich gesagt auch einiges an selbstüberwindung seine zeit

zum schreiben aufzuwenden, es sei denn man kann damit seinen lebensunterhalt bestreiten. Zu verlockend und so viel einfacher sind andere möglichkeiten des „zeitvertriebs". Jetzt habe ich aber zumindest mal einige zeilen geschrieben. Ich denke jetzt (und wenn nicht jetzt, wann dann?) ist es die richtige zeit um meine gedanken aufs papier zu bringen respektive einigen ungenutzten speicherplatz auf meinem pc für meine hirngespinste zu missbrauchen. Warum jetzt der richtige zeitpunkt ist? Weil ich jetzt, mitte-ende meiner zwanziger, noch nicht 24/7 vom alltag und familie eingenommen werde und ich mir somit ab und an die zeit nehmen kann um zu schreiben, ohne dass die welt um mich herum zusammenbricht. Ein zweiter grund warum jetzt die zeit reif dafür ist, liegt ganz einfach darin dass ich in höchstem masse bezweifle dass ich meiner lebtag noch grossartig weiser werde. Anders gesagt, denke ich, ich werde von nun an nur noch blöder. Darum besser jetzt schleunigst das halbwegs brauchbare festhalten was in der birne drin ist.

Ich kann kaum davon ausgehen dass hieraus am ende ein buch entsteht welches dann irgendjemand kaufen könnte, geschweige dies auch noch tun wird. Nebenbei bemerkt, soll es ja scheinbar auch echt teuer sein ein buch verlegen zu lassen. Was ich wirklich möchte, ist meine gedanken, jetzt als ein noch relativ junger mensch, festzuhalten. Vielleicht lebe ich noch viele jahre und könnte somit meine niederschrift hin und wieder zur hand nehmen und damit mein derzeitiges gedankengut und meine geistige haltung mit jener in zehn, zwanzig, fünfzig jahren abgleichen und allfällige gemeinsamkeiten und unterschiede erkennen.
Bleibt diese innerste gesinnung und haltung ein leben lang bestehen oder werden mir diese seiten in x jahren nur noch ein müdes lächeln entlocken?

Zudem kann ich mir gut vorstellen dass ich einen oder mehrere menschen aus meinem umfeld diese seiten lesen lasse. Vielleicht nur meine grosse liebe, für welche meine hier aufgeführten gedanken höchstens noch teilweise neuland wären. Vielleicht aber auch meine eltern. Wie gut kennen sie mich eigentlich wirklich? Vielleicht auch einzelne andere menschen die mich hiermit (noch) besser kennen lernen würden.

Und falls daraus doch etwas entstünde was mehr als ein, zwei handvoll leute in die finger bekommen würden, wäre ich mir sicher dass es niemandem, wirklich niemandem schaden würde, sich mal zurückzulehnen, ein bisschen zu lesen und die eigenen gedanken etwas schweifen zu lassen. Ja, die gedanken schweifen lassen... Meiner auffassung nach ist dies etwas wofür sich die allermeisten menschen heutzutage keine oder viel zu selten zeit nehmen oder „nehmen können". Dies empfinde ich als äusserst schade und ehrlich gesagt auch als ein etwas bedenklicher umstand. Für mich gibt es kaum kostbareres als meinen gedanken freien lauf zu lassen, über dinge nachzudenken die ich für mich persönlich beantworten möchte und dies auch kann, aber auch über sachen zu grübeln die ich eben nicht beantworten kann und ich mir beim besten willen nicht erklären kann. Ich denke viele menschen heben sich das „philosophieren" fürs alter, für die zeit wenn sie nicht mehr arbeiten „müssen", für die zeit wenn sie sich nicht mehr um ihren nachwuchs kümmern müssen, für die zeit wenn sie eben zeit haben, auf. Aber verdammt, wer garantiert dir dass du dann überhaupt noch unter den lebenden bist? Ich würde mir wünschen dass die menschen, vor allem in unseren gefilden, nicht oder nicht nur oberflächlich funktionieren, sondern mit mehr tiefgang durchs leben gehen. Ich weiss, gedanken schweifen lassen, philosophieren oder wie auch immer man es nennen will, generiert kein bruttosozialprodukt. Aber ich bin mir sicher dass wir mit etwas weniger materiellem wohlstand, dafür ein stückchen weiser, um einiges besser (miteinander) leben würden.

Wenn ich es hiermit schaffe dass du dir immer wieder mal zeit nimmst um tief in dich zu gehen – und nein, ich meine nicht mit den fingern oder irgendwelchen spielsachen, was bestimmt ab und zu auch gut tut – dann hätte ich mein ziel erreicht. Einfach ab und an über gewisse dinge nachdenken. Nicht verbissen nachdenken, nicht deinen IQ anzapfen und krampfhaft nach antworten und lösungen suchen, sondern entspannen, deine gedanken treiben lassen (ich nenne diese art des denkens, egal ob in wissenschaftlicher hinsicht adäquat oder nicht, einfach mal „passives denken") und dein zu innerst verankertes bewusst- oder unterbewusstsein wird dir wie von zauberhand deine ideen, meinungen oder antworten zukommen lassen...oder manchmal auch nicht, was absolut gar nicht schlimm ist. Wir können nicht alles wissen und wir müssen nicht zu allem eine meinung haben.

Auf den folgenden 5-500 seiten möchte ich über einige themen schreiben über welche ich mir bis zur gegenwart so meine gedanken gemacht habe. Manche davon werde ich wohl nur kurz anreissen, über andere womöglich einigermassen ausführlich schreiben. Teilweise mag es an der thematik an sich liegen dass darüber umfangreicher philosophiert werden kann als über andere. Es ist aber auch so dass ich über einige dinge einfach länger nachgedacht habe als über andere oder so dass ganz einfach mein wissen bezüglich mancher themen begrenzter ist als bei anderen.
Von wegen wissen... dazu möchte ich vorweg sagen dass ich keines der in der fortführung dieses werks behandelten themen in irgendeiner akademischen art und weise studiert habe oder ähnliches.

Ich möchte auch nicht grossartig zeit damit verlieren um nach verschiedensten fakten zu den jeweiligen themengebieten zu forschen. Dies soll ja schliesslich auch kein fachbuch werden. Vielmehr möchte ich die angelegenheiten mit gesundem (oder ungesundem) menschenverstand beleuchten, so dass kein oder kaum themenbezogenes vorwissen vonnöten ist, um meinen erläuterungen, ideen und ausführungen folgen zu können.
Wo ich es für sinnvoll erachte, streue ich womöglich die ein oder anderen zahlen und fakten ein, möchte aber im prinzip mit möglichst weniger solcher passagen auskommen.
Dies wird sicher ein mehr als nur philosophisch angehauchtes werk. Trotzdem kann und soll es aber kein buch über die philosophie als solches und auch nicht über die philosophischen richtungen werden. Denn dafür gibt es abertausende wenn nicht millionen von menschen die diese thematik studiert haben und dir tagelange philosophische vorträge und vorträge über philosophie halten könnten und somit um das x-fache besser geeignet wären als ich es bin.
Was ich mir als nichtprofi-philosoph erhoffe, ist dir verschiedenste themengebiete und anreize zu liefern um selbst zu philosophieren. Teilweise werde ich womöglich nicht viel mehr tun als eine frage in den raum werfen. Denn zu manchen angelegenheiten habe ich bislang wohl nicht einmal für mich selbst eine klare antwort gefunden. Vielleicht findest du sie ja für dich? Zu anderen wiederum habe ich eine klare meinung und beziehe stellung dazu. Bist du gleicher oder anderer ansicht? Und womöglich kommen dir noch viele andere dinge in den sinn worüber es sich lohnt einmal gründlich nachzudenken...

Es ist mir wohl nicht möglich dich zu einem (noch) intelligenteren menschen zu machen...vielleicht aber zu einem, der fortan (noch) weiser durchs leben geht.

wer ich bin

Keine angst! Dieses buch handelt nicht von mir als person. Überspitzt gesagt, möchte ich damit sagen dass das einzige was schlimmer ist als biografisches material, autobiografisches material ist...

Wenn also jemand jemanden als extrem interessant und/oder wichtig erachtet, dann bitte. Dann darf dieser jemand doch gerne über diesen jemanden schreiben, berichten oder was auch immer.
Wenn aber jemand jemanden als extrem interessant und/oder wichtig erachtet...und dieser jemand(en) er selbst ist, dann buenas noches, bonne nuit, good night und für alle mit einer fremdsprachen-phobie – gute nacht. Dieser jemand(en) kann dann eigentlich nur irgendein promi sein der halt mit dem wirbel um seine person geld verdienen möchte oder/und, im tragischeren falle, ein mensch welcher sich aus narzisstischen (ab)gründen tatsächlich für den mittelpunkt des universums hält.

Da ich weder ein promi noch narzisstisch veranlagt bin, dachte ich daran diesen teil gänzlich wegzulassen. Ich möchte dir jedoch, und irgendwie auch mir selbst, mit den folgenden innerkapitularen (Geiles wort! Existiert wohl nicht, aber man versteht's oder!?) zeilen versuchen aufzuzeigen welche gegebenheiten mich dazu brachten jetzt zu schreiben. Vielleicht schaffe ich es auch dass du grob eine ahnung davon bekommst wie ich bin und wer dieser jemand ist der mit dir „kommuniziert". Natürlich ist mir klar dass dir dies total egal sein kann und es eigentlich total langweilig und irrelevant ist etwas

über jemanden zu lesen und erfahren – sowiso, wenn man diesen jemand nicht einmal persönlich kennt.
Apropos jemanden kennen: Ich denke nicht dass wir einen menschen zwingend persönlich, also in „live", von auge zu auge, kennen müssen um ihn, zumindest bis zu einem gewissen punkt, kennen zu können. Beispielsweise kennen wir doch alle ehrlich gesagt einige menschen aus dem TV besser als viele unserer mitmenschen mit welchen wir unter umständen quasi tagtäglich zu tun haben. Auch sind uns doch viele aus dem TV/radio bekannte leute sympathischer als so manche menschen mit denen wir persönlich mehr oder weniger zu tun haben. Ausserdem erfahren wir beispielsweise von menschen aus dem TV oft viel interessantere dinge als von solchen aus unserem umfeld oder in scheiss-smalltalks mit irgendwelchen leuten. Zudem können wir einfach den kanal wechseln wenn uns jemand im TV langweilig erscheint oder uns unsympathisch ist. In persönlichen treffen und begegnungen ist dies zumeist eher schwieriger zu bewerkstelligen. Die meisten menschen halten zahlreiche oberflächliche kontakte zu wiederum oberflächlichen menschen aufrecht obwohl diese ihnen nicht wirklich guttun. Womöglich aus angst vor dem alleinsein, vielleicht aus angst sich mal mit sich selbst zu beschäftigen und vielleicht auch aus angst sich in beziehungen zu menschen die einem viel besser tun würden, zu öffnen.
Das waren jetzt ein paar einigermassen traurige umstände...aber ist halt so.

Zurück zum thema. Also, weil es wohl echt boooring ist etwas über mich zu lesen, schlage ich dir vor dieses kapitel doch bitte zu überspringen, die zeit eventuell dafür zu nutzen um kurz oder länger über deine eigene vergangenheit und „geschichte" nachzudenken und mich kurz in der vergangenheit schwelgen zu lassen. Wir treffen uns dann hoffentlich zum beginn des nächsten kapitels wieder.

So, die nächsten zeilen sind demnach also nur für mich (ego-aalaaaarm!!!)…und alle die einen gewissen hang zum stalken haben…und all diejenigen, welche einfach alles wundernimmt, sei es noch so belanglos.

Ich kam laut gregorianischem kalender gegen ende des zweiten jahrtausends aus der * meiner mutter geschossen…oder wohl eher musste man mich unter grösstem kraftaufwand rauszerren. So wurde es mir überliefert. Ich war also eine schwerstgeburt. Obwohl noch kaum mit bewusstsein ausgestattet, muss mein unterbewusstsein schon zu diesem zeitpunkt recht skeptisch der welt gegenüber eingestellt gewesen sein. Ein umstand, der sich, um es vorweg zu nehmen, bis heute nicht geändert hat.

Als baby oder als baby welches sich in der transformation zum kleinstkind befand, sprang ich dem tod aus gesundheitlichen gründen ein oder zweimal wohl ziemlich knapp nochmals von der schippe. Man hört ja oft dass leute, die dem tod gerade noch so entkommen sind, daraus extrem viel positive energie für ihr weiteres leben schöpfen konnten. Ich bin mir sicher dass dies bei mir nicht der fall war und ist. Vermutlich liegt die krux darin dass ich zu diesem moment noch nicht über ein bewusstes denkvermögen verfügt habe oder ich zumindest nicht fähig bin mich aktiv an diese zeit zu erinnern und ich somit dieses „dem tode entkommen" nicht mit positiven erinnerungen und emotionen koppeln kann.

Jetzt vielleicht ein paar worte dazu wie ich meine kindheit, jugend und die ersten jahre des erwachsenenalters verbracht habe.
Ich wuchs mit einem jüngeren bruder und beiden elternteilen in einem mittelgrossen dorf auf der eurasischen platte auf. Alles in allem, denke ich, kann man sagen dass ich in einem sehr behüteten umfeld aufgewachsen bin und in einigen bereichen sicherlich auch ein gutes stück weit verwöhnt wurde. Damit meine ich aber nicht in dem typischen sinne verwöhnt von wegen dass ich ständig neues materielles zeugs bekommen habe welches ich eigentlich gar nicht wirklich gebraucht habe. Also kein typisches „spoiled kid".

Meine kindheit, wohl so bis zum beginn des teenageralters, spielte sich zu ganz grossen teilen draussen an der frischen luft ab. Es wurde gespielt, geklettert, gerannt, gesprungen, gerutscht, gedreckelt, geplantscht usw. An der stelle möchte ich kurz aber mit vehemenz die gelassenheit meiner eltern loben, die mich und meinen bruder in unserer kindheit eigentlich immmmer alles machen und ausprobieren liessen. Sicher wurde manchmal auf eine potentielle gefahrenquelle hingewiesen, aber ich könnte mich nicht daran erinnern dass es jemals hiess: „Tu das bloss nicht!" Wir sind also hingefallen – aufgestanden, runtergefallen – (nach etwas längerem) wieder aufgestanden, haben uns hie und da kleinere und grössere blessuren zugezogen, das gehörte einfach dazu. Und das war genau richtig so. Ich hoffe dass auch ich diese coolness an den tag legen werde, falls ich mal kinder grossziehen würde.

Im alter von sieben jahren begann ich eine mannschaftssportart im verein auszuüben. Ich war in dieser sportart sicherlich nicht ganz talentfrei. Allerdings mochte ich den umgang zwischen den kindern in diesem sport nicht so wirklich. Ausserdem wurde mir wohl klar dass ich von der gesinnung her viel mehr der typ einzelsportler bin.

Somit wechselte ich im alter von neun jahren nahtlos in eine einzelsportart. Ich habe mich sofort in diese sportart, in dieses spiel, verliebt. Und so ist es bis zum heutigen tag geblieben.
Schon nach kurzer zeit wurde es zu meinem traum profi darin zu werden.
Die ersten ein, zwei jahre übte ich lediglich einmal die woche. Danach wurde es langsam aber stetig mehr und mehr. Bis ich dann endlich vier, fünf mal wöchentlich trainiert habe, verging leider (zu) viel zeit und ich war bereits fünfzehn, sechzehn jahre alt.

In den darauffolgenden drei jahren absolvierte ich eine weiterführende schule im kaufmännischen bereich und habe daneben beinahe täglich trainiert. Freizeit in dieser phase – beinahe fehlanzeige. Zwar entsprach diese schulische ausbildung meinen intellektuellen fähigkeiten, gewiss aber war ich nicht mit herz und seele dabei. Mehr und mehr war ich mit meinen gedanken nur noch beim sport. Dank ausreichend vorhandener intelligenz war es mir jedoch möglich diese ausbildung mit minimalaufwand zu bestehen. Zu einer schulischen extrarunde wäre ich zu dieser zeit mental auch echt nicht mehr in der lage gewesen.

Nach erlangen dieses diploms bekam ich die möglichkeit eine weile voll und ganz meinem sport zu frönen. Während dieser zeit konnte ich mein sportliches niveau durchaus nochmals um zwei, drei klassen anheben. Aber irgendwann, nach einigen verletzungen, zwei kleineren operationen und einer für mich zu langsam werdenden leistungssteigerung, entschied ich mich, fortan (auch) als trainer in diesem sport tätig werden zu wollen.

Wenn ich heutzutage an diese zeit als wettkampf- und leistungssportler zurückdenke, frage ich mich manchmal, wie gut ich hätte werden können, hätte ich früher damit begonnen in grösseren umfängen zu trainieren. Ich weiss nicht, ob ich damals als junge, meinen eltern vielleicht zu wenig forsch klargemacht habe wie sehr ich diesen sport liebe und dass ich darin um jeden preis so gut wie mir nur möglich ist, werden möchte. Oder habe ich diesbezüglich alles richtig gemacht und meine eltern haben die situation nicht oder zu spät richtig erfasst? Oder wollten sie mich ganz bewusst in dem jungen alter nicht gänzlich dem sport verfallen lassen? Oder konnten sie mich zu der zeit gar nicht besser fördern, weil allenfalls das wissen und/oder das geld noch nicht ausreichend vorhanden war?
Hätte, wäre, wenn – wie auch immer, amen!
Die fragestellung „was wäre gewesen, wenn…?" ist an sich ja äusserst interessant und man gäbe viel um deren antwort zu finden. Nur ist die klare und genaue beantwortung unmöglich und somit die fragestellung irgendwie hinfällig, wenn auch interessant.
Vermutlich wäre ich, hätte ich… ein noch besserer sportler geworden und hätte meine ausbildungstechnische laufbahn ganz anders aufgegleist, es aber trotz allem nicht geschafft mit diesem sport meinen lebensunterhalt zu bestreiten.

An dieser stelle möchte ich meinen eltern von ganzem herzen danken: „Danke dafür dass ihr mir die möglichkeit gegeben habt diesen grossartigen sport zu erlernen, auszuüben, zu erleben…und danke vor allem dafür dass ihr es mir ermöglicht habt dass ich meinem traum nacheifern konnte. Dafür dass ihr viel von eurer persönlichen

(lebens)zeit, viel geduld, nerven und auch finanzielle mittel hergegeben habt, werde ich euch zeit meines lebens dankbar sein. Es war beileibe nicht immer alles perfekt – es war eigentlich nie alles perfekt. Trotzdem habe ich ein gewisses niveau erreicht und bin glücklich darüber dass ich diesen sport, dieses spiel, „beherrsche". Vielen vielen vielen dank an euch!!!
Ich weiss es, vor allem mit dem jetzt vorhandenen abstand, noch mehr zu schätzen und einzuschätzen, dass das alles, alles andere als selbstverständlich war."

Wie gesagt, ich wollte trainer werden. Deswegen habe ich verschiedene lehrgänge absolviert, unterrichtete mal mehr mal weniger und trainierte zumindest anfangs auch selbst noch regelmässig. Richtig zufrieden mit der situation war ich in dieser zeit selten bis kaum je. Ich trat, so fühlte es sich für mich an, irgendwie auf der stelle, wusste irgendwie auch nicht wirklich wofür ich das tat, was ich tatete. (Sorry, kleiner scherz;)

So kam es mir auf eine art gelegen dass ich (von landes wegen) quasi dazu verdonnert war, ein halbes jahr in zwei total anderen bereichen tätig zu sein. Dieser (kurze) lebensabschnitt, mal gänzlich weg vom sport, öffnete mir die augen und zeigte mir verschiedenste bereiche auf, in welchen man so tätig sein könnte. In meinem kopf entwickelten sich verschiedene ideen, welche ich mir vorstellen konnte, in zukunft anzugehen.

Nach dieser sportlichen auszeit wieder beim trainer-dasein angekommen, liess mich vor allem eine konkretere idee nicht mehr los. Deshalb habe ich mitte zwanzig, innert kurzer frist, die dafür notwendigen kurse und prüfungen absolviert und bestanden. Ich war somit vorerst mal komplett weg vom job als trainer.

Als ich dann jedoch wenig später meine pläne für ein potentielles projekt verwerfen musste und sich kurz darauf ein trainerkollege eine verletzung zuzog und mich darum bat, ihn für ein paar wochen zu ersetzen und ich dieser bitte nachkam, fand ich mich urplötzlich wieder im job als trainer – allerdings in einer anderen „schule". Und so nach und nach, vor allem nach einem etwas längeren urlaub ausserhalb der eurasischen platte, fühlte ich, dass sich die liebe zu diesem, zu meinem sport, neu entflammt hat.

Mittlerweile oder zumindest momentan, einige monate sind seither vergangen, kann ich mir gut vorstellen weiterhin und künftig noch umfangreicher als bis anhin als trainer tätig zu sein. Nebenbei möchte ich eine kleinere geschäftsidee realisieren und hoffentlich schreibe ich in den nächsten wochen, vielleicht monaten, dieses werk (Werk klingt irgendwie falsch. Werk klingt so erhaben, viel zu grossartig dafür, was ich hier abliefere. Jedoch fallen mir keine guten neuen wörter mehr ein.) zu ende.

Um dieses kapitel nun langsam dem ende entgegen zu bringen, möchte ich jetzt noch versuchen, dir meine persönlichkeit etwas näher zu bringen. Mich selbst zu beschreiben, empfinde ich als ein äusserst schwieriges unterfangen. Aber einige charakterzüge meiner selbst kann ich mit einer gewissen sicherheit beschreiben.

Man kann mir bestimmt einige eigenschaften, welche einen stoischen menschen beschreiben, zuordnen. Ich trete nach aussen hin zumeist als sehr ruhiger und zurückhaltender mensch auf. Wenn ich mich aber in meiner komfort-zone befinde, also mit meinen engsten vertrauten, bin ich oftmals das pure gegenteil – ein bisschen „psycho-kind", lasse kaum eine möglichkeit für eine witzige aussage aus und auf keinen fall zu unterschätzen ist mein talent dialekte und akzente zu imitieren. Bei letztgenanntem liegt meine absolute bestform jedoch einige jahre zurück. Aber eben, damit man mich als äusserst humorvollen und allenfalls auch witzigen menschen erleben kann, muss man mich in der regel wirklich gut kennen und die situation muss (perfekt) stimmen. Anders gesagt: In einer gruppe ist es sehr sehr selten der fall, um nicht zu sagen beinahe unmöglich, dass ich die gruppe mitreisse und begeistere. Das ist einfach nicht mein ding. Meine erfahrung hat diesbezüglich gezeigt dass viele menschen, die in einer gruppe oft die treibende kraft sind und alle vom hocker reissen können mit ihren „geschichten", in gesprächen unter vier augen relativ begrenzt interessant sind. Und umgekehrt dass viele, oberflächlich betrachtet, ruhige, eher „langweilige" personen, unter vier augen auf einmal aufblühen können und über viel, zuerst nicht zu vermutende geistige tiefe verfügen. Stille wasser sind eben doch sehr oft sehr tief.

Ich bin zudem ein mensch, der ohne durchzudrehen, stunden und ganze tage allein verbringen kann. Ich brauche also nicht ständig diese reizüberflutung. Es soll ja leute geben, die sehr schnell, sehr unruhig werden, wenn sie keine menschen um sich herum haben oder nicht ausreichend beschäftigt werden. Sie halten es schier nicht aus sich ab und an mit sich selbst und ihren inneren „abgründen" zu befassen. Sie halten ihr eigenes „ich", sofern dieses überhaupt vorhanden ist, nicht aus.

Auch bin ich ein ausserordentlich geduldiger mensch im umgang mit anderen. Jedoch glaube ich dass es oftmals umgekehrt ist und deshalb eher die geduld anderer wegen mir auf die probe gestellt wird.

…Mein geliebter mensch bezeichnet und beschimpft mich gerne immer wieder mal, oder immer wieder gerne mal, als total verpeilt…und wenn er/sie das sagt, dann ist das einfach so. ;)

Ausserdem muss und kann ich mich als intelligenten denker, jedoch nicht als forschen macher, bezeichnen. Es wäre bestimmt für so manches förderlicher wenn ich weniger denken dafür mehr einfach mal machen würde.

„Das problem mit der welt ist, dass die intelligenten menschen voller zweifel während die dummen voller selbstvertrauen sind."
(zitat: charles bukowski)

Darin steckt bestimmt mehr als nur ein funken wahrheit. Aber das mit dem machen, könnte sich in zukunft vielleicht ja noch etwas entwickeln (wenn ich dümmer werde;).
…Und sonst bleibe ich halt auf immer und ewig ein denker.

Ich denke wenn man es kurz und knapp halten möchte, dann kann man mich wohl als einen verträumten idealisten mit analytischen fähigkeiten bezeichnen.

Ganz zu beginn des kapitels habe ich ja erwähnt dass ich dir aufzeigen möchte wie es dazu gekommen ist dass ich jetzt dieses dokument (Yes, ein neues wort – come on!) schreibe. Eigentlich eine sehr einfache und relativ kurze geschichte.
Ich denke, ich bin schon seit beginn meiner „bewussten" denkfähigkeit ein mensch, der sehr viel überlegt und auch vieles hinterfragt. In den vergangenen jahren, in denen ich oftmals zeit dafür fand, hat sich das ganze noch deutlich intensiviert.
Ja, man kann mir gewiss anlasten dass ich mich in den vergangenen jahren nicht ausreichend um die nationale wie auch persönliche wirtschaftslage gekümmert hätte. Jedoch könnte geld, die gedanken und ideen, welche sich in dieser zeit bei mir im kopf angesammelt

haben, für mich persönlich, unmöglich aufwiegen. Wäre ich bereits in den vergangenen jahren „im hamsterrad gefangen" gewesen, hätte ich diese gedankenspielereien wohl grösstenteils auf die zeit verschieben müssen, nachdem mich das hamsterrad wieder ausgespuckt hat – der pensionierung. Ist es dann nicht zu spät? Lebe ich dann überhaupt noch?
So wie es bei mir der fall war und ist, konnte ich bereits über viele der „grossen fragen des lebens" nachdenken und manche von ihnen, für mich persönlich, auch beantworten.
Mit dieser erlangten (persönlichen) weisheit, möchte ich mich jeweils ganz „bewusst" entscheiden, inwieweit ich mich ins „hamsterrad" begeben möchte…oder eben nicht.

Jetzt ist es an der zeit dass ich meine gedanken in worte fasse. Ich will dir in der fortsetzung dieses buches keinesfalls irgendwelche lehren oder theorien andrehen, noch möchte ich in irgendeiner form klugscheissen. Ich möchte lediglich meine gedanken mit dir teilen und vor allem möchte ich dich gerne dazu einladen, dir jeweils deine eigenen gedanken zum thema zu machen.

erläuterung zum titel

Falls du die letzten paar seiten (gemäss meiner instruktion) übersprungen hast – welcome back!
Bevor wir uns gemeinsam auf die reise durch die verschiedenen themengebiete machen, möchte ich noch einige worte zum titel dieses buches sagen.

ich liebe die erde!
ich hasse die welt!
bin ich schizophren?

Ich weiss nicht, vielleicht ist dir total klar wie ich das meine…?
Ist die „erde" und die „welt" denn genau dasselbe?
Angenommen dies wäre der fall, müsste man eigentlich davon ausgehen dass ich schizophren bin, wenn ich ja die aussage treffe dass ich die erde liebe, jedoch die welt hasse. Hierbei verwende ich „schizophren" im umgangssprachlichen sinne von widersprüchlich oder auch zwiespältig und nicht die schizophrenie als psychisches krankheitsbild.

Ist jetzt aber die „erde" und die „welt" dasselbe?
Meiner auffassung nach ist die antwort darauf ganz eindeutig: Nein!
Mit dem begriff „erde" ist hier der von uns menschen bewohnte planet gemeint. Und mit all ihrer prachtvollen schönheit bezüglich der flora und fauna, naturphänomenen und artenvielfalt, kann ich sagen:
„Ich liebe die erde!"

Das wort „welt" kann in ganz unterschiedlichen kontexten verwendet werden, so dass es jeweils eine ganz andere bedeutung bekommt. Und ja, natürlich kann man „welt" auch als synonym für die erde benutzen. Beim buchtitel aber, ist das wort „welt" im soziologischen sinne zu verstehen. Also beschreibt hier „welt" nicht unseren heimatplaneten (erde) aus naturwissenschaftlicher sichtweise, sondern das leben als solches auf diesem planeten. Zum beispiel das zusammenleben in der gesellschaft oder jenes zwischen unterschiedlichen kulturen.
Ein paar beispiele zur verwendung des wortes „welt" im soziologischen kontext:
„in der heutigen welt" , „weltanschauung", „weltoffen" oder „berufswelt"

Die erde ist also unsere theaterbühne und die welt ist das theaterstück welches sich darauf abspielt.
Die erde ist die kino-leinwand und die welt ist der film der darauf abgespielt wird.
Die erde ist der fussballplatz und die welt ist das match welches darauf ausgetragen wird.
Die erde ist die rennstrecke und die welt ist das rennen welches darauf gefahren wird.
Und auf die gefahr hin dass ich jetzt quatsch rede weil ich nicht allzu viel ahnung von computer-begriffen habe, sage ich:

„Die erde ist die hardware und die welt ist die software."

Und ich denke all wir erdlinge können und müssten uns extremst glücklich schätzen dass leben, geschweige denn „intelligentes" leben, auf diesem planeten überhaupt möglich ist. Es mussten sooo derart

viele kriterien perfekt zusammenspielen dass wir (menschen) entstehen konnten.
(Beispiele: Der richtige abstand von der erde zur sonne, die richtige position in der milchstrasse, das erdmagnetfeld, ausreichend wasser und sauerstoff und schier unendlich viele weitere bedingungen)

Müssen wir also erstaunt darüber sein dass wir überhaupt existieren? Nein! Weil wenn es uns nicht gäbe, könnten wir ja garnicht erstaunt darüber sein dass es uns gibt.
Nun gibt es uns aber...somit ist es nicht erstaunlich.

Lange rede kurzer sinn...
Die erde ist also mit einer schier perfekten hardware für uns menschen ausgestattet.
Und wir menschen bilden die software, so könnte man es sagen. Und ich finde wie diese software läuft, das ist (noch) gaaanz weit weg von perfekt. Computerexperten würden wahrscheinlich von „nicht ordnungsgemäss installiert" sprechen. Ich behaupte, hätte die erde, also unsere hardware, mit der wir so reich beschenkt wurden, gefühle, so fühle sie sich immens beleidigt durch das ganze, was wir erdlinge hier veranstalten...

Um abschliessend die frage zu beantworten ob ich schizophren bin oder nicht:
Ich hoffe, ich konnte dir den unterschied respektive die unterschiede zwischen den begriffen „erde" und „welt" einigermassen klar aufzeigen. Da diese beiden wörter nicht dasselbe bedeuten oder zumindest nicht zwingend, entsteht auch keine widersprüchlichkeit, wenn ich sage, dass ich zwar die erde liebe, jedoch die welt hasse.

Somit stelle ich die selbstdiagnose: nicht schizophren – yeahiii!
(Jedenfalls nicht aufgrund des gewählten buchtitels... :S ;)

Schliessen möchte ich dieses kapitel gerne mit einem zitat von lord byron, welches ich kürzlich in einem spielfilm gehört habe und sehr gut mit meiner eigenen gesinnung und gefühlswelt harmoniert:

„Es wohnt genuss im dunklen waldesgrüne,
entzücken weilt auf unbetretner düne,
gesellschaft ist, wo alles menschenleer,
musik im wellenschlag am ewigen meer,
die menschen lieb ich, die natur noch mehr."

einleitung hauptteil

So, wir sind jetzt definitiv im hauptteil des buches angelangt.
Ich gebe zu dass die ganze einleitung um einiges umfangreicher ausgefallen ist als dass ich es vor dem schreiben erwartet hätte. Nun bin ich mir auch gar nicht mehr so sicher ob der jetzt folgende „hauptteil" überhaupt länger wird als die einleitung. Ich werde auch nicht versuchen die jeweiligen themengebiete künstlich in die länge zu ziehen. Wenn ich mal fände dass ein einziger satz das thema auf den punkt bringt und jeder weitere satz reine zeitverschwendung – für mich beim schreiben und für dich beim lesen – wäre, dann werde ich keine skrupel davor haben nur diesen einen satz zu schreiben.
Ich hoffe aber dass es mir gelingen wird, meine ideen und gedanken in worte zu fassen und dich dabei „abzuholen". Wenn mir das gelingen würde, dann bin ich zuversichtlich dass wir eine interessante, aufrüttelnde und manchmal vielleicht sogar beängstigende und aufwühlende reise zusammen tun werden. Einiges hierin mag dir wahrscheinlich neu oder abwegig vorkommen. Über anderes, da bin ich mir sicher, hast du schon aus eigenen stücken nachgedacht.

Der jetzt folgende hauptteil ist zumindest ein stück weit gegliedert. Beginnen möchte ich mit themengebieten welche ich unter soziologischen gesichtspunkten beleuchten werde. Also themen betreffend der gesellschaft/bevölkerung und weltanschauung. Weiter wird es mit gesellschaftsspezifischen fragen und problemen gehen und schliesslich wird es abdriften zu eher philosophisch zugeneigten themen, welche das „herzstück" dieser „freiwilligen" arbeit darstellen sollen. Ich bin mir aber sicher dass oftmals eine gewisse durchmischung der gebiete stattfinden wird.

Also, ich möchte nochmals betonen dass ich in keinem der nachfolgend behandelten themen experte oder fachmann in irgendeiner form bin. Ich bin in diesem sinne ein „normalwissender", wie du es wahrscheinlich auch bist, der die folgend beschriebenen umstände hinterfragt hat und die allermeisten davon weiterhin hinterfragen wird. Ich werde dir auch keine „richtigen" antworten liefern (können). Ich werde nur meine gedanken wiedergeben und wenn ich antworten von mir gebe, dann sind dies meine persönlichen antworten. Kommst du zu gleichen schlüssen – schön, freut mich. Kommst du zu anderen schlüssen – schön, freut mich.

Es freut mich überhaupt schon dass du dieses von mir verfasste irgendwas in den händen hältst. Wenn du das ding auch noch liest, umso besser. Und wenn ich es schaffen würde dass du dir deine eigenen gedanken machst – nicht das denkst, was du denkst, denken zu sollen/müssen, auch nicht unbedingt das denkst, was ich denke, sondern deine wahrhaftigen gedanken – dann hätte ich mein ziel voll und ganz erreicht und dir würde ich dazu gratulieren ein stückchen oder gar ein stück weiser geworden zu sein und würde hoffen dass du es genossen hast deine gedanken manchmal schweifen zu lassen oder gar in ihnen versunken zu sein. Ich bin mir relativ sicher dass die welt ein anderer, ein (noch) besserer ort wäre, würden sich mehr menschen wie du und ich, um nicht zu sagen „alle menschen", ab und an die zeit nehmen um wirklich nachzudenken und ihre gedanken ergründen.

man macht

Im jetzt angelangten hauptteil möchte ich als erstes erwähnen dass ich den ausdruck „man macht" abgrundtief hasse. Man hört diese beiden wörter ständig, immer und immer wieder. Und genau dieser ausdruck, so finde ich, spiegelt den grossen teil der/unserer gesellschaft wider – ein einziger grosser brei.

Schon bei den kleinkindern fängt dieser „drill" an, wenn eltern bei jeder noch so kleinen „aktion" ihrer schützlinge sagen: „Nein, das macht man nicht!" und „das tut man nicht!" und „und das macht man schon gar nicht!" So fängt das ganze an dass dieser brei langsam aber todsicher angerührt wird. Viele brechen in der pubertät dann kurzfristig aus und wären gerne eine haferflocke. Die allermeisten der flocken aber, fallen danach wieder in den brei zurück und verbleiben in diesem…

Versteh mich bitte nicht falsch! Das erziehen der kinder ist gewiss eine wichtige sache. Dabei sollte es aber mindestens so wichtig sein, kinder ausprobieren zu lassen, sie ihre erfahrungen machen zu lassen und vor allem ihren eigenen charakter entwickeln zu lassen.
Natürlich gibt es dinge die man nicht akzeptieren sollte. In diesen situationen wäre es meiner meinung nach aber klüger, kindern den sachverhalt zu erklären und warum etwas nicht geht/nicht okay ist und sie nicht nur mit „man macht (nicht)" abspeisen. Dieser ausdruck ist wie ein befehl. Und über befehle denken wir menschen kaum nach, weil ein befehl ja keinen spielraum für eigenes denken lässt. Somit werden wir darauf trainiert möglichst nichts zu hinterfragen und verkommen so zu in brei verrührten flocken.

Aber wer im brei ist, macht wenigstens nichts falsch. – Bravo!

Natürlich gibt es menschen die nicht „mitschwimmen". Einige von ihnen schwimmen wohl nur nicht mit weil sie einfach gerne anecken und es ihnen gefällt aufmerksamkeit zu erregen. Andere aber schwimmen aus überzeugung nicht mit. Es ist ihnen wichtiger sich selbst zu sein als von allen respektiert zu werden.

Ich bin mir sicher dass ganz ganz viele der im brei untergegangenen menschen gerne viel individueller sein würden und gerne nach ihren eigenen ansichten, geschmäcker und ideen leben würden. Es ist aber, je nach kulturellem und gesellschaftlichem umfeld, sehr schwierig aus diesem brei rauszukommen. Einerseits sind die meisten mit diesen gesellschaftlichen normen aufgewachsen und zu sehr an diese gewöhnt und zum anderen ist da die angst dass man „ausgestossen" wird, wenn man nicht mehr (bei allem) „mitspielt".

Ich behaupte sogar dass kaum jemand mit der gesamtheit der gesellschaftlichen normen, regeln und „zwänge" richtig zufrieden geschweige denn glücklich ist.

Ich versuche es folgendermassen zu erklären:
Nehmen wir an man könnte den menschen aufgrund ihrer ansichten/ideen/überzeugungen zahlen von 1-100 zuordnen. Jetzt gibt es also menschen die sehr nahe bei der zahl 1 eingeordnet werden würden, solche die sich in der nähe von 100 befänden, natürlich auch solche die sich irgendwo um 50 tummeln und ganz ganz viele die irgendwo dazwischen eingestuft würden.
Der gesellschaftliche durchschnitt läge also pi mal daumen bei der zahl 50.

Wird jetzt versucht für all diese total verschiedenen menschen eine allgemeine gesellschaftliche ordnung herzustellen dann klingt es erstmal logisch dass diese dem durchschnitt angepasst wird.
Es ist aber vollkommen klar dass die allerwenigsten menschen „eine 50" sind. Nur ein kleiner teil ist überhaupt nur nahe der 50 zuzuordnen. Zwangsläufig ist die folge dass der grossteil der menschen nicht „frei" leben kann in dieser auf durchschnitt getrimmten gesellschaft und sich dadurch nicht nach seinen individuellen bedürfnissen und vorstellungen entfalten kann.
All diese nicht-50er stehen also vor der wahl:
Entweder, dem persönlichen „streben nach glück" zuliebe, aus dem gesellschaftlichen system „ausbrechen" und allenfalls von weiten teilen der bevölkerung „geächtet" werden oder aber das „spiel" ganz einfach mitspielen. Man muss das spiel ja nicht wirklich mögen. Es reicht den anderen ja dass du mit am tisch sitzt. Richtig glückliche menschen mag in unseren gefilden ja eigentlich eh kaum jemand.

Oberflächlich freundlich – ja bitte! Glücklich und fröhlich – nein danke!

Kleiner einschub:
Ich habe echt nicht gross ahnung von politik. Aber wenn ich nicht alles falsch verstanden habe, dann meine ich dass doch die direkte demokratie genau auf diesem gerade eben erklärten system basiert. Es werden alle befragt was sie denken und wollen. Das resultat ist immer eine durchschnittsmeinung. Für alle die sich nicht mit dem durchschnitt identifizieren können, ist dieses prinzip in höchstem masse unfair. Es haben zwar alle menschen die gleichen rechte, aber es zählt im endeffekt nur die meinung des durchschnitts – die wenigsten sind genau durchschnitt.

Was wäre denn eine bessere lösung? – Anarchie?
Theoretisch vermutlich ja. Wenn alle menschen über genügend gesunden menschenverstand verfügen würden und es allen so gut gehen würde dass es niemand nötig hätte schlechte taten zu begehen. Leider ist dies nicht der fall…und wird wohl auch nie der fall sein. Deshalb können und müssen wir diese idee getrost verwerfen. Ganz ehrlich, ich wüsste nicht ob es eine bessere regierungsform als die direkte demokratie gibt. Sie ist gewiss nicht für alle menschen der darin lebenden bevölkerung gleich fair, aber wohl dennoch die am wenigsten ungerechte. Denn wenn jemandes haltung „nahe der 1" oder „nahe der 100" ist, liegt die meinung der gesamtbevölkerung trotzdem nie weiter als ca. 50 von jemandem entfernt. Es gibt also eigentlich nie ganz ganz grobe „ungerechtigkeiten".
Ich finde es gut wenn das volk die regeln bestimmen kann nach welchen es leben möchte. Ich finde es jedoch verdammt wichtig dass all diesen „durchschnittsmenschen", deren meinung schlussendlich durchgesetzt wird, bewusst sein sollte dass sie nicht die einzigen sind, dass es unzählige menschen gibt, die nicht die gleiche haltung und einstellung haben und das spiel meist trotzdem ziemlich regelkonform mitspielen.

Ich plädiere für mehr, nein, für volle akzeptanz und respekt für andersdenkende!!
Mir kommt es so vor dass die grosse masse keinen eigenen verstand (mehr) besitzt. → marionetten
Durchschnitt sollte nicht = normal bedeuten
Durchschnitt ist = der durchschnitt von allen >abnormalen< individuen.

Ist diese akzeptanz schon grundsätzlich nicht für alle individuen vorhanden, führt dies dazu dass die breite masse der bevölkerung das gefühl bekommt dass nur der durchschnitt „richtig" sei. Dies wiederum führt dazu dass sich ein oberflächliches verhalten, ein oberflächlicher verhaltenskodex, innerhalb der bevölkerung breit macht. Die meisten menschen bekommen das gefühl dass sie durchschnitt respektive „normal" sein müssten um gut in der welt zu recht zu kommen. Da der grossteil der menschen aber eigentlich nicht durchschnittlich veranlagt ist, führt dies oft dazu dass sie ihr echtes „ich" verleugnen und sich sagen: „Egal, ich muss diese haltung ja nicht von innen heraus leben wollen und/oder so fühlen – ich muss mich lediglich so verhalten, nur „mitspielen."
Dies ist über kurz oder lang gar keine gute idee und einer der gründe warum in unseren gefilden die grosse masse so freudlos umherspaziert.

Auszug aus einem wikipedia-eintrag:
„Weichen denken und handeln eines individuums von gesellschaftlich anerkannten normen zu stark ab, spricht man davon, dass es weltfremd sei oder in einer privatwelt, fantasiewelt oder scheinwelt lebe."

Na bravo! Wir können also die menschen die den mut haben nach den eigenen geisteshaltungen zu leben, ausgrenzen und für sie so tolle begriffe wie weltfremd oder privat-, fantasie- oder scheinwelt erfinden (und sie allenfalls insgeheim beneiden und bewundern)..........oder wir springen als gesellschaft endlich über unseren schatten und verstehen endlich dass vielfalt und individualität, die realität und etwas absolut wunderbares sind.

regeln!, normen!, „zwänge"! – und was ist mit werten?

Wie du dir nach dem vorangegangenen kapitel vermutlich vorstellen kannst, mag ich regeln, normen und gesellschaftliche „zwänge" extrem…..nooooot!
Und bestimmt könnte ich mich bei diesem thema jetzt in rage schreiben und ewig lange auf die tastatur „einhämmern", aber ich möchte es ganz sachlich angehen und einigermassen kurz halten.

„Unsere" gesellschaft hat in vergangener zeit massenhaft regeln, gesetze, richtlinien und normen erfunden und festgelegt. Auch haben sich zahlreiche gesellschaftliche „zwänge" entwickelt.
Viele regeln und gesetze sind sicherlich auch sinnvoll weil eben viele menschen nicht ganz dicht sind und so gemassregelt werden müssen. Bei gesellschaftlichen normen und „zwängen" ist es aber so dass ich diese eigentlich immer hinterfrage. Ich hatte immer schon eine abneigung gegen all das, was „alle" meinen (mit)machen zu müssen. Ganz egal worum es sich handelt, seien es festivitäten und bräuche jeglicher art, gesellschaftliche umgangsformen (z.b. du- und sie-anredeform – absolut unnötig und auch verwerflich), ladenöffnungszeiten (z.b. geschäfte generell am sonntag geschlossen – wie behindert ist das denn bitte!?), vorgaben bezüglich kleidung (z.b krawattenpflicht – what the f***!?) und körperpflege oder aber auch irgendwelche verrückte, vorgegebene schönheitsideale, etc. etc.
(Möchte noch erwähnen dass ich nicht „aus prinzip" gegen alles bin was „alle" machen. Solche menschen gibt es ja schliesslich auch. Ich mag es nur nicht wie ein hirnloser roboter ohne eigene meinung zu funktionieren und alles mögliche, ohne zu hinterfragen, mitzumachen.)

Greifen wir doch kurz das thema feiertage auf. Gesellschaftlich definierte feiertage finde ich überdoof. Sie sind gesellschaftliche erfindungen (okay, teilweise durch halbwegs klare überlieferungen von früheren zeiten) und geldmacherei für die geschäfte. Nicht, das ich das denen nicht gönnen würde, so ist es nicht. Zudem wurden sie wohl ins leben gerufen um den menschen einige fixpunkte zu liefern, nach denen wir uns richten können. Immer wieder, jahr für jahr, dieselben abläufe, dieselben wiederkehrenden feiertage. Ausserdem sollen sie uns wohl als nette abwechslung dienen um unseren sonst doch ach so monotonen alltag „aufzupeppen".

Ich habe überhaupt nichts gegen geschenke. Schenken und beschenkt werden ist etwas wunderschönes. Nur, finde ich, sollte man nicht auf „druck" an bestimmten tagen schenken „müssen". Der beschenkte freut sich bestimmt auch (noch) mehr über ein geschenk oder eine liebe geste, wenn es überraschend kommt – also wenn es nicht unbedingt weihnachten, geburtstag oder valentinstag ist. Auch habe ich nichts gegen dekorationen. Besonders bei uns in europa, wo es um die jahreswende sehr früh abends dunkel wird, empfinde ich dekoartikel und lichterketten als äusserst stimmungsvoll und erheiternd. Es müssen bei mir aber nicht wirklich engel oder sonstige weihnachtsspezifische dekorationen sein.

Nun gut, feiertage sind auch eine gelegenheit um wieder mal in grösserer runde zusammenzukommen. Aber…die aller aller allermeisten menschen, mit welchen man nur gerade zu feiertagen etwas zu tun hat, mit denen sollte man auch an diesen tagen nichts zu tun haben (müssen). Und wenn du mit deinem schatz den valentinstag feiern musst – dann gibt es wohl nicht besonders viel an der beziehung, was sich zu feiern wirklich lohnt. Sorge besser dafür dass du an den verbleibenden 364 tagen deine(n) „menschen" ehrst.

Solche festgesetzte feiertage sind irgendwie etwas total oberflächliches. Fast jeder macht mit. Fast jeder findet irgendwie gut dass es sie gibt, auch wenn nur deshalb weil man nicht zur arbeit muss. Fast niemand weiss (genau) was eigentlich gefeiert werden „soll". Die gesellschaft ist einfach an diese kalender-fixpunkte gewohnt, kaum jemand hinterfragt überhaupt, was das ganze eigentlich soll.

Ein wenig anders sehe ich das mit sich jährlich wiederholenden persönlichen (fest-)tagen. Also jährliche jubiläen wie hochzeitstage, jahre des zusammenseins etc. Weil in der zeit von jubiläum zu jubiläum ist wenigstens die erde einmal um die sonne gekreist. Aber das feiert ja keiner – jedenfalls nicht direkt und nicht bewusst. ;) Nein im ernst, solche persönliche tage sind doch immer wieder eine chance sich an besondere tage im leben zu erinnern und um positive emotionen zu wecken. Wenn man aber angst davor haben muss „den tag" zu vergessen respektive zu verpassen, dann ist das auch bullshit. Weil dann ginge es nicht mehr primär darum sich zurückzubesinnen an ein erlebnis, sondern darum sich ein datum merken zu können, zu wissen für was das datum steht und jemand anderem zu beweisen dass man genau an dem tag daran „gedacht" hat. – Bravo!
Ich persönlich finde zum beispiel dieses „zum geburtstag gratulieren" extremst blödsinnig. Wozu gratuliert „man" da eigentlich genau? Ausser eben dazu dass die erde seit dem letzten geburtstag einmal um die sonne gekreist ist... Ganz absurd finde ich es wenn dann sogar leute die nicht mal wissen wann man geburtstag hat, sondern es gerade eben von jemandem gehört haben, meinen sie müssten zu einem eilen und gratulieren. (Dies hat in etwa dasselbe flair wie das händeschütteln als begrüssung – sinnlos, oberflächlich, aber man macht es einfach um niemandem vor den kopf zu stossen.) Und dann

all diese floskeln: „Alles gute, glück, gesundheit und blablabla für die zukunft." Ich finde diese wünsche ja aller ehren wert. Aber bei einem ankommen tun diese wünsche nur wirklich, wenn sie eben gerade nicht zum geburtstag ausgesprochen werden. Diese personen die dir ausserhalb jener tra-ri-tra-ra-tra-hopsasa-geburtstagsglückwünsche solche wünsche und hoffnungen aussprechen, die kannst du wohl ernst nehmen und dich glücklich schätzen diese menschen in deinem leben zu haben…

Feier die tage und die anlässe die >du< feiern möchtest und zwar auf die art und weise welche >du< für richtig empfindest. Nicht „man macht" – du machst!

Wie sieht es denn mit gesellschaftlichen umgangsformen aus?
Okay, „bitte" und „danke" sagen, bin ich dabei – ein ausdruck von respekt. Aber lieber fresse halten als ein erzwungen über die lippen gebrachtes „danke"/"bitte".
Hände schütteln/küsschen geben?
Eigentlich ein totaler witz wenn du mich fragst. Menschen, welche ich nicht kenne, die hand, immer die rechte, geben…und ich weiss nicht mal was diese leute zuvor alles angefasst haben – iiuh! Noch oberflächlicher ist dass männer den frauen küsschen geben – eigentlich total sexistisch.
Meiner meinung nach reicht ein aufrichtig gemeintes „hallo" vollkommen aus. Ausser bei menschen die man wirklich persönlich mehr oder weniger gut kennt und/oder sympathisch findet. Aber auch da herrscht „handshake" in irgendwelcher form wenn sich männer begrüssen, küsschen sobald eine frau involviert ist. Überleg dir doch mal wie du verschiedene menschen gerne begrüssen würdest, gäbe es absolut keine gesellschaftlich und kulturell anerkannten formen. Es ist

alles andere als leicht sich von dem „normalen" zu lösen und sich eigenständige gedanken zu machen. Vielleicht würdest du manche gerne umarmen ohne küsschen, anderen einen kuss auf den mund geben, vielleicht nur akustisch „hallo" sagen, vielleicht die nase aneinander reiben, stirn an stirn halten oder einander nur respektvoll zunicken. Du hast bestimmt auch weitere eigene ideen. Vielleicht ergibt es sich sogar mal in einem gespräch mit einem/r freund/in dass ihr euch mal darüber austauschen könnt, vielleicht mal den anderen fragen wie er dich gerne begrüssen würde, gäbe es keine „regeln". Ich weiss, um eine ehrliche antwort zu erhalten, muss man einander wohl schon ziemlich sympathisch sein.
Von dem klassischen handschlag und küsschen wird in unserer gesellschaft eigentlich nur abgewichen bei „best friends", „bff" und in cliquen. In diesen konstellationen werden dann ja oft urplötzlich auch andere, individuelle begrüssungsformen entwickelt und angewendet.

Es gibt unzählige solcher umgangsformen und normen. Ich nehme es mir nicht als aufgabe diese gesamtgesellschaftlich zu verändern respektive abzuschaffen, da unmöglich. Aber es ist irgendwie witzig und spannend über diese dinge nachzudenken. Manche findet man sinnfrei, andere absurd und wieder andere sind interessant wie es dazu kam. Beispielsweise das Händeschütteln soll ja davon kommen dass man sich früher mit offener hand begrüsst hat um damit dem gegenüber zu zeigen dass man nicht bewaffnet ist. Also achtung wenn dich jemand begrüsst und dabei die andere hand in der hosentasche oder hinter dem rücken hat...

Kleidung und körperpflege?
Kleidung: Lass ganz einfach alle menschen so rumlaufen wie sie wollen und sich wohlfühlen – egal wann, egal wo.

Körperpflege: Warum schminken sich die meisten frauen und warum die allermeisten männer nicht? Ist es eine frage der gesellschaft, fände ich es scheisse dass die frauen sich anmalen. Oder ist das genetisch und hormonell so vorbestimmt das frauen gerne geschminkt rumlaufen, dann wäre das was anderes, dann wäre es okay so wie es ist.

Ein ähnliches ist das thema bezüglich der körperbehaarung von mann und frau. Wer hat mehr körperbehaarung und somit eigentlich auch mehr grund für dessen beseitigung? Die antwort ist eindeutig dass die männer (in aller regel) viel mehr körperbehaarung aufweisen als die damenwelt es tut. Aber wer zum geier rasiert sich (in aller regel) alle paar tage (mühsam) beine, achseln und je nachdem weitere körperpartien? – Die frauen! Eigentlich sollten, wenn schon, die männer sich rasieren. Gesetzt dass haare eklig sein sollten, gäbe es bei ihnen ein mehrfaches an ekligkeit zu beseitigen. Aber nein, die frauen mühen sich, für ganz schön wenig, ganz schön ab.
Was läuft hier schief? Läuft hier was schief?
Ist das genetisch bedingt dass frau sich gerne enthaart? Ich glaube kaum! Oder gibt es irgendwelche überlieferungen von anno dazumal dass sich manche frauen das leben nahmen oder depressionen hatten weil sie sich hässlich fanden aufgrund ihrer körperbehaarung? – weil gilette gab es noch nicht. Wohl eher nicht. Ich gebe zu, auch ich finde rasierte beine etc. ästhetischer als unrasierte. Dies gilt aber bei mann eben so wie bei frau. Nur „dürfen" männer diesbezüglich faul und bequem sein, frauen nicht!? Ich denke die starke männliche gesellschaft hat irgendwann erkannt dass rasiert irgendwie sexy ist und dies der damenwelt so unterschwellig nach und nach klar gemacht – und dies möglichst so dass die frauen das gefühl haben sie würden sich aus freien stücken rasieren wollen.

Also wenn du dich rasierst, überleg dir doch mal warum genau du dies tust und wofür du stehst und wofür du stehen möchtest.

Ich sage nur noch: Wenn eine frau als unhygienisch gilt nur weil sie sich natürlich gibt – dann ist dies eine weitere gesellschaftliche bankrotterklärung.

Wir menschen sind übrigens (in aller regel) ein natur-erzeugnis. Müssen wir die natürlichkeit leugnen, retuschieren, dann gute nacht menschheit!

Und noch eine kleine info an die schönheitsindustrie:
Ihr könntet eigentlich (noch) viel mehr kohle verdienen wenn ihr langsam aber sicher auch der männerwelt eine gehirnwäsche verpassen würdet und sie glauben lasst dass auch sie sich rasieren „müssten" und noch viele weitere produkte kaufen sollten welche sie noch nicht für sich entdeckt haben...

Und warum eigentlich tragen wir alle bekleidung?
Keine andere spezies auf der erde trägt kleidung. Warum tragen wir sie denn? Ich weiss es nicht. Schliesslich kommt niemand bekleidet zur welt. Sie ist eine menschliche erfindung und die heutige menschheit hat tragischerweise im allgemeinen sogar ein problem mit nacktheit – un poco loco! Ich bin natürlich absolut einverstanden dass kleider uns bei kälte, starker sonneneinstrahlung oder hitze schützen sollen und somit eminent wichtig sind. Schon die steinzeitmenschen haben sich ja durch eine art kleidung vor extremer witterung geschützt. Aber sonst? Ist das eine erfindung der hässlichen menschen um sich aus scham vor blicken der anderen zu schützen? Oder eine erfindung der nicht-hässlichen um die hässlichen nicht länger ansehen zu müssen? Wie du merkst habe ich keine ahnung bezüglich der entstehungsgeschichte der bekleidung und möchte jetzt auch nicht im internet recherchieren. Wäre aber bestimmt mal interessant. Viele naturvölker bekleiden sich

ja beispielsweise nicht oder nur sehr spärlich. Zum beispiel bedecken viele von ihnen nur die intimzone (ob vorwiegend aus hygienischen gründen oder gegen die entblössung weiss ich nicht). Aber oben ohne, bei männern sowie frauen, ist eigentlich gang und gäbe. Warum bloss hat denn unsere (westliche) gesellschaft, unser kulturkreis eine derartige phobie vor frauenbrüsten dass es unerwünscht oder zumeist wohl sogar verboten ist sich als frau oben ohne zu zeigen? Ich versteh's echt nicht! – Die meisten menschen mögen doch boobies… Ich finde es nicht in ordnung hinsichtlich der geschlechtlichen gleichberechtigung dass die gesellschaft einen derartigen unterschied zwischen männer- und frauen-brüsten macht. Es gibt schliesslich männer-titten die grösser sind als so manche frauenbrust. Es gibt auch zahlreiche männliche thorax-bereiche die sexuell attraktiver eingestuft werden müssten als einige ihrer weiblichen mitmenschen.
Naja…

Ich habe zu beginn dieses kapitels gesagt dass die gesellschaft in letzter zeit massenhaft regeln, gesetze, richtlinien und normen festgelegt hat. Ich bin überzeugt davon dass es viel zu viel von alledem gibt und dabei die grundwerte etwas auf der strecke geblieben sind.

Was ist mit aufrichtiger zuneigung, respekt, demut, ehrlichkeit etc.? Wahrscheinlich funktionieren diese werte oftmals noch mehr oder weniger zwischen den menschen die einander wirklich nahe stehen und innerhalb der engsten verwandtschaft. Aber es heisst „grundwerte", somit sollten diese grundsätzlich immer angewandt werden. Und dies funktioniert definitiv nicht (mehr) in unserem hiesigen kulturkreis. Viele menschen sind so sehr mit sich selbst (+ ihren smartphones etc.) oder besser gesagt mit der einhaltung all dieser regeln, beschränkungen, normen und so weiter beschäftigt und sehen den wald vor lauter bäumen nicht (mehr). Wenn wir schon bei metaphern angelangt sind. Mir kommt es so vor als wären diese regeln, normen etc. die spielregeln. Und das ausleben der grundwerte ist das eigentliche spiel. Die leute sind dermassen mit dem lesen und verstehen der spielregeln beschäftigt dass sie ganz vergessen das spiel auch wirklich zu spielen...oder sie kommen einfach nicht zum spielen – da gefangen in ihrer (eigens aufgeblasenen) bubble.

Das gesellschaftliche zusammenleben schätze ich als in höchstem masse oberflächlich, unaufrichtig und verlogen ein. Und ich hasse oberflächlichkeit und lügen. Ich verabscheue diese attribute so sehr dass ich sage: „Ich mag eher einen aufrichtigen „dreckskerl" als jemanden der mir mit oberflächlicher, gespielter und falscher nettigkeit und freundlichkeit begegnet."
Der grossteil der menschen in unseren gefilden aber, so habe ich das gefühl, bevorzugt es, wenn einem freundlich ins gesicht gelogen wird. Auch wenn sie oft quasi sicher wissen dass sie gerade angelogen werden, so ist das doch besser als „the inconvenient truth" (die unbequeme wahrheit) zu hören (weil offiziell war die antwort ja positiv). Mit der (unbequemen) wahrheit müsste man sich dann ja allenfalls auch noch befassen und beschäftigen...
Wir brauchen mehr „in your face"-momente! (in einem positiv gemeinten verbalen sinn)

„Jeder weiss vermeintlich über den anderen bescheid aber niemand kennt den anderen."
Dies ist bestimmt etwas überspitzt formuliert, dennoch stellt dieser satz den kern des sachverhalts relativ gut dar. Menschen reden in unserer gesellschaft extrem viel hintenrum und quatschen so als wüssten sie bescheid über den worüber sie gerade sprechen. Dabei

haben sie die „infos" die sie gerade weiterplappern oft nur durch dritte und vierte, weshalb die inhaltliche korrektheit zumeist arg zu wünschen übrig lässt. Meistens gibt es nämlich nur ganz ganz wenige anvertraute menschen die einen bestimmten menschen auch wirklich „kennen". Deshalb meine aussage dass zwar enorm viel gequatscht und getratscht wird, die inhaltliche substanz jedoch zumeist sehr niedrig ausfällt.

Dazu passend und ergänzend möchte ich gerne einige zeilen aus dem öffentlichen „abschiedsbrief" der damals todkranken und inzwischen verstorbenen ALS-patientin nina zacher zitieren:
„"So leicht stirbt man nicht " sagte meine mutter immer. Und damit hatte sie tatsächlich recht und nicht nur das, den tod muss man sich verdienen, das weiss ich jetzt. Denn zwischen der erkenntnis das man bald sterben wird, bis man es tatsächlich "geschafft" hat liegt ein meist langer qualvoller weg, von dem zwar jeder schon mal irgendetwas gehört hat, aber auch genau so schnell wieder verdrängt wurde, weil es wie so oft nicht die partytauglichen themen sind und jeder denkt das würde immer nur den "anderen " passieren. Ich habe mich früher immer gefragt was das nur für menschen sind die immer "weg schauen" und vor allem angst haben, sprachlos werden, aber dann vor neugierde fast zerplatzen und überall tratschen, oder wie meine nachbarn sehr viel zeit am fenster verbringen oder sogar meine besuche vor ihren autos abpassen, um informationen zu erfahren, aber noch nie bei uns waren um vielleicht mal irgendetwas vom einkaufen mit zu bringen oder sonst irgendwo behilflich zu sein. Ich würde mich ja schämen. Zum glück für alle diese feiglinge passiert das ganze leid und die waren sorgen in unserer gesellschaft, meist im verborgen statt. Wird deligiert und "ausgelagert" darum haben so viele menschen verlernt menschlich zu sein."

Vielleicht noch ein ganz kurzer einschub bezüglich oberflächlichkeit. Ich habe hier (auf der eurasischen erdplatte) über die jahre immer wieder das klischee gehört dass die amis vieel „oberflächlicher" seien als wir hier. Ein monat „bei den amis" im vergangenen jahr hat mir eigentlich nur gegenteiliges gezeigt. Es kommt bestimmt auch drauf an wo genau in den staaten man sich aufhält. Aber es wurden einige male komplimente von fremden direkt ausgesprochen und dabei konnten sich diese menschen keine vorteile durch das aussprechen des kompliments erhoffen, ausser vielleicht einem netten und ernst gemeinten „Oh, thank you so much!". In unseren gefilden ist uns (meinem geliebten menschen und mir) das in all den jahren glaube nicht einmal widerfahren. Bei uns wird es nur im kopf registriert und abgelegt mit dem vermerk: „Ich hasse den menschen weil er etwas hat, etwas kann, besser aussieht etc. was ich nicht habe oder kann." (Natürlich gibt es diese kreise von menschen in den staaten die bezüglich ihres äusseren extreeeemst oberflächlich sind und lieber mit skalpell, gift und chemie der natur auf die sprünge helfen als diese zu akzeptieren...)

Ich möchte dieses kapitel schliessen mit einem zitat der eben zuvor erwähnten nina zacher, welches sie in einer diskussionssendung eines deutschen fernsehsenders ausgesprochen hat. Ich finde folgender satz bringt die heutige gesellschaft bezüglich ihrer geisteshaltung und ihrem umgang respektive ihrem nicht-umgang mit werten ausgezeichnet auf den punkt:

„Alles hat seinen preis und nichts hat einen wert."

homo suicidalis

Ich möchte diese „wertlosigkeit" gleich nochmals aufgreifen. Diese vorherrschende wert(e)losigkeit in unserer gesellschaft führt zu einer unglaublichen schnelllebigkeit. (Vielleicht funktioniert diese korrelation auch genau umgekehrt...) Es dreht sich alles um den preis, darum wie die höchsten gewinne erwirtschaftet werden können. Über die nachhaltigkeit dieser strategie denken nur wenige nach und noch wenigere kümmern sich auch wirklich darum. Ändert sich dieses verhalten nicht frühzeitig wird es früher oder später zum zusammenbruch kommen – auf welche art und weise auch immer dieser stattfinden wird.

Das enorme denkvermögen der menschheit kann im guten wie aber auch im schlechten genutzt werden. Deshalb meine behauptung:

„Je höher die vorhandene intelligenz, desto höher auch die potenzielle dummheit."

Du fragst dich vielleicht noch was der titel „homo suicidalis" bedeutet. „homo" heisst ganz einfach „mensch". Und „suicidalis", da steckt ja das wort „suizid" (selbstmord) drinn, heisst etwa soviel wie „selbstmörderisch".
→ also „homo suicidalis" = „der selbstmörderische mensch"

Ein ornithologe (vogel-forscher) und verhaltensforscher stellte in einer diskussionssendung die these auf dass die heute lebende menschengattung nicht als „homo sapiens" (der wissende mensch) sondern als „homo suicidalis" (der selbstmörderische mensch) bezeichnet werden sollte.

Diese behauptung stellte er genau wegen dieser nicht vorhandenen nachhaltigkeit in der heutigen welt auf. Klimaerwärmung ist wohl etwa jedem ein begriff und bestimmt ein enorm wichtiges thema für uns alle, ausgenommen aller egomanen unter uns, für die nur zählt dass sie möglichst gut und reich durchs leben kommen und sich einen dreck darum scheren wie es künftigen generationen ergeht und wie lange die erde noch in ihrer ganzen pracht erstrahlen mag. Die klimaerwärmung ist wohl sicher ein faktor den die menheit zu bekämpfen und einzudämmen hat. Sie ist aber vermutlich nicht der faktor den die menschheit als erstes in ihrer existenz bedrohen wird. Ein noch viel dringenderes, obwohl öffentlich noch unbekannteres thema, ist „das artensterben".
Die artenvielfalt ist enorm wichtig für uns, ja sogar (über)lebenswichtig. Ich bin bestimmt nicht experte genug auf dem gebiet damit ich dir die zusammenhänge genau aufzeigen könnte. Jedoch dürfte dir zum beispiel klar sein dass beispielsweise die bienen eminent wichtig für uns sind, da sie die blüten zahlreicher unserer „lebensmittel" bestäuben. Und so haben beinahe unendlich viele lebewesen ihre aufgabe im system als ganzes damit es uns menschen gut gehen kann respektive wir überhaupt (über)leben können.

Hast du gewusst dass momentan etwa 1000 spezies (arten von lebewesen) aussterben in der zeit wo 1 neue spezies entsteht. So hoch war das artensterben im verhältnis zur entstehung neuen lebens noch nie! Und bestimmt nicht zufällig! Dieses problem ist von menschenhand gemacht! Forscher schätzen dass es rund um die 8.7 millionen arten von lebewesen auf der erde gibt (dies die zahl die ich eben laut mehreren quellen vernommen habe). So ist es doch nur logisch dass es die menschheit früher oder später auch erwischen wird. Du denkst ja nicht dass wir menschen irgendwann ganz alleine auf der erde herumlümmeln werden (können)!?

Ich möchte noch zwei, drei zahlen und fakten einbringen welche dieses artensterben (und auch den klimawandel da diese oft in direktem zusammenhang zueinander stehen) unterstreichen.
In den letzten 25 jahren ging der insektenbestand (in nordrhein-westfalen, deutschland) um rund 80% zurück.
Und nein, es sind nicht alle insekten einfach nur nervige plagegeister. Ausserdem starben in den vergangenen 200 jahren 70-80% der vogelarten aus.
Bei den zugvögeln kann wegen der klimaerwärmung auch eine veränderung ihrer reise-zyklen beobachtet werden. So ziehen viele vögel im winter nur noch bis in den mittelmeerraum anstatt bis in den afrikanischen kontinent hinein. Es gibt sogar viele zugvögel die zu standvögeln wurden, also zu solchen vögeln für die es neuerdings in mitteleuropa auch im winter warm genug ist und sich somit ausreichende lebensbedingungen bieten.

Also menschheit – wach auf bevor es zu spät ist!

Ich finde übrigens den einsatz von leonardo di caprio aller ehren wert!!
Dieser mensch ist nicht nur einer der besten schauspieler, den die welt je hatte, sondern verfügt wohl auch über viel tiefgrund. Ich habe schon ein, zwei längere interviews von ihm gesehen wo er länger über sein bestreben und seine wünsche, die welt zu einem besseren ort zu

machen, gesprochen hat. Und ich denke er ist absolut glaubwürdig dass ihm das ganze wirklich eine herzensangelegenheit ist.
(Auch wenn er uns mit seinem schauspielerischen talent natürlich wohl alles vorgaukeln könnte. ;)

Ich möchte mich hier auch nicht als gutmensch geben der tootal grün und umweltschonend lebt – aber zumindest umweltbewusst. Ich kann wohl die welt nicht beeinflussen. Trotzdem finde ich es muss was unternommen werden. Und wenn da leute wie di caprio, welche eine grosse aufmerksamkeit erzeugen können und somit ganz viele menschen erreichen können, als botschafter agieren, dann finde ich das einfach klasse. Er hat (nun, mit dem oskar) für sein eigenes leben eigentlich wirklich alles erreicht, ob karriere-mässig oder finanziell, so dass er jetzt „frei ist" sich mitunter den grossen angelegenheiten zu widmen, jene dinge die über seine persönliche existenz und lebenszeit hinausgehen.

Weiter so, leo!! – Du darfst trotzdem gerne noch zahlreiche weitere hammer-filme machen. ;)

hamsterrad

Der ausdruck „homo suicidalis" trifft nicht nur aus gründen wie dem artensterben oder der klimaerwärmung zu sondern auch wegen der heute vorherrschenden leistungsgesellschaft. Ein grossteil der menschen arbeitet in irgendwelchen jobs die ihnen weder spass noch befriedigung bieten, für irgendwelche firmen die ihnen im grunde scheissegal sind und für irgendwelche chefs die ihnen auch scheissegal sind oder die sie gar hassen. Reich werden die firmen, die arbeitnehmer dürfen immerhin überleben. Aus angst durch jemand anderen, jemand effizienteren ersetzt zu werden, versuchen die menschen noch mehr zu leisten. Und dann muss man vielleicht noch eine familie ernähren. Nein, nicht nur ernähren, ihnen soviel (luxus) bieten wie nur möglich. Dann muss man halt noch mehr leistung am arbeitsplatz bieten, auf der karriereleiter weiter nach oben klettern, einen zweitjob annehmen oder der/die partner/in soll zusätzlich arbeiten. Und wenn man „wohlstand" erlangt hat dann reicht das auch noch nicht weil irgendwann wird man ja pensioniert...und dafür brauchen wir reserven – viele reserven. Also wenn möglich noch viel mehr arbeiten und geld scheffeln. Kurz gesagt: Egal wieviel jemand hat und leistet, es reicht nie, es ist nie genug...

Je nachdem hat man neben seiner arbeit noch partner/in und kinder um die man sich kümmern muss und dann sollte man auch noch möglichst viele private kontakte und freundschaften pflegen. Und natürlich sind aufregende und interessante freizeitaktivitäten nicht ausser acht zu lassen.

Und wann bitte soll man sich um sich selbst kümmern sollen respektive zur ruhe kommen und einfach mal abschalten und nicht „funktionieren" müssen?

Für viele menschen in der heutigen gesellschaft kommen diese selbstbestimmten momente viel zu kurz. Sie sind „gefangen im hamsterrad". Hierbei besteht der unterschied zwischen den menschen und dem hamster darin dass der hamster jeweils immer freiwillig ins hamsterrad steigt und immer wieder aussteigt wenn er keine energie oder keinen bock mehr hat wobei die menschen das gefühl haben sie müssen dies alles andauernd leisten können. Sie haben angst davor was passiert wenn sie aus dem hamsterrad aussteigen. Deshalb verbleiben sie darin, womöglich bis zum totalen kollaps – bis zum burnout.

Ich finde dieses heutige system dass viele menschen fast den ganzen und fast jeden tag für einen arbeitgeber arbeiten „müssen" um sich damit ein paar selbstbestimmte stunden zu verdienen übrigens ehrlich gesagt ziemlich falsch, absurd und über lange zeit gesehen auch gefährlich, sowohl für den einzelnen menschen als auch für die menschheit als ganzes. Es sollte nicht in arbeits- und freizeit unterschieden werden – es gibt nur „lebenszeit". Und diese sollte möglichst selbstbestimmt sein.
Ich meine damit dass die menschen seit anbeginn der menschheit immer „gearbeitet" haben. Aber ihre arbeit war es nicht für jemand anderen zu arbeiten, zu genau definierten zeiten, an bestimmten tagen, bestimmte tätigkeiten ausführen die im grunde sinnfrei fürs eigene leben sind. Das alles muss doch jeden krankmachen der das ganze hinterfragt.

„Dieses system ist die moderne version der sklaverei."

Das heisst einerseits dass man heute nicht mehr 24/7 (rund um die uhr und jeden tag) sklave ist sondern „nur" zu bestimmten zeiten und andererseits wird man in unserer gesellschaft nicht mehr versklavt sondern das system sorgt dafür dass sich die menschen „freiwillig" (teilzeit-)versklaven.

Wieder zurück zum „anbeginn der menschheit". Eben die menschen haben schon immer „gearbeitet", aber damals nicht im sinne von „erwerbstätigkeit". Ihre arbeit war es zu leben und zu überleben. Sie haben also gejagt, gesammelt, essen zubereitet, geliebt, gevögelt, kinder beschützt und grossgezogen, wärmende bekleidung hergestellt, irgendwann feuer gemacht, nutztiere unterhalten und so weiter. Die sinnfrage war damit geklärt respektive hat sich garnie gestellt. Ihre aufgaben und tätigkeiten waren ganz direkt mit ihrem leben und wohlergehen verknüpft und somit sinnvoll. Es gab nicht arbeits- und freizeit – es gab nur leben und lebenszeit. Und ich bin mir sicher dass die menschen von damals im grossen und ganzen erfüllter und zufriedener durchs leben wanderten. Obwohl ohne materiellem wohlstand, ohne sicherheiten, ohne versicherungen, immer in der angst lebend dass jeden moment ein säbelzahntiger (oder so;) um die ecke kommt, wäre mir nicht bekannt dass damals auch nur ein mensch an depressionen oder burnout gelitten hätte. Ich glaube die suizid-rate tendierte auch gegen 0.

Mir ist bewusst dass dieses system im grossen und ganzen wohl nicht mehr komplett rückgängig gemacht werden kann und ich das gesellschafts-system als solches nicht verändern kann. Vielleicht aber kann ich dir im nächsten kapitel zumindest einen denkansatz liefern welcher dir hilft wenn du dich mal wieder im hamsterrad gefangen siehst.

PS: Es ist doch irgendwie schon seehr absurd. Einerseits war der wohlstand in unserer gesellschaft noch nie höher. Und andererseits haben sich die menschen wohl noch nie zuvor derart viele sorgen gemacht und noch nie haben sie sich derart „abgestresst" wie heutzutage.
Ich denke die im überfluss vorhandenen medien in der heutigen zeit tragen das ihrige dazu bei...

müssen oder wollen?

Alle hamsterrad-häftlinge haben eines gemeinsam: Sie denken, sie müssten.

Dabei ist das absolut einzige was wir alle wirklich müssen, eines tages zu sterben. (Obwohl ich auch da etwas skeptisch bin. Ich lebe. Ich bin noch nie gestorben. Und der fakt dass schon über 100 milliarden menschen gestorben sind, dies soll als 100-prozentige gewissheit dienen und reichen dass auch ich eines tages das zeitliche segnen soll…hmm, ich weiss nicht. ;)

Aber wieder zurück zum geschehen. Ich weiss der satz „Das einzige was wir wirklich müssen, ist sterben." ist jetzt nicht gerade revolutionär. Aber er stimmt! Alles andere „wollen" wir – wir machen es im grunde „freiwillig". Denk mal darüber nach was du alles „freiwillig" machst, also sozusagen „willst", aber trotzdem nicht gerne machst und magst…

Okay, wahrscheinlich ist es keine so gute idee immmmmer nur das zu machen wozu man gerade lust hat. Das heisst soviel wie, dass wir sehr viele dinge tun „müssen" weil wir etwas damit im zusammenhang stehendes „wollen". Nachfolgend ein paar beispiele:

Ich „muss" lernen weil ich eine gute note „will".
Ich „muss" eine person ansprechen weil ich sie kennenlernen „will".
Ich „muss" den zug erwischen weil ich nicht eine halbe stunde auf den nächsten warten „will".
Ich „muss" einkaufen gehen weil ich essen kochen „will".

Ich „muss" das tempolimit einhalten weil ich keine busse/keinen unfall bauen „will".
Ich „muss" aufräumen weil ich kein chaos haben „will".
Und so weiter...

Ich rate dir jedoch den ausdruck „ich muss" möglichst abzugewöhnen und nicht mehr zu verwenden. Er setzt dich unter druck und sorgt für negative stimmung. Denke und formuliere stattdessen lieber:

Ich gehe lernen weil ich eine gute note „will".
Ich möchte den zug erwischen weil ich nicht eine halbe stunde auf den nächsten warten „will".
Ich gehe einkaufen weil ich essen kochen „will".
Ich möchte aufräumen weil ich kein chaos haben „will".

Ich persönlich habe mir diese „ich muss"-gedanken und äusserungen weitestgehend abgewöhnt. Ich erwische mich vor allem beim „notlügen" noch wie ich „ich muss" verwende. Also zum beispiel wenn ich etwas für jemanden machen soll, ich aber gerade kein bock darauf habe. → „Sorry, aber „ich muss" noch dieses oder jenes erledigen, das geht jetzt gerade nicht."

Denke auch darüber nach was >du< wirklich willst und was >dir< wirklich wichtig ist und am herzen liegt. So derart viele dinge machen menschen einfach weil ihnen von aussen eingetrichtert wird dass sie dies und jenes wollen müssten. Sei stolz auf deine eigenen gedanken und (wert)vorstellungen!

entschleunigung – im jetzt leben, mit leichtem gepäck

Die allermeisten menschen unserer gesellschaft, ja vielleicht mittlerweile wirklich fast jeder einzelne, ist gefangen in seinem persönlichen hamsterrad...oder gar teil des gesamtgesellschaftlichen hamsterrades. Für manche ist dieses rad enger als für manch andere. Aber auch die meisten die selbständig arbeiten, müssen sich an mehr oder weniger auflagen halten. Auch eine mutter (oder ein vater) die/der sich ausschliesslich dem haushalt und der familie widmet, kommt eigentlich nicht komplett darum rum, sich teilweise im hamsterrad wiederzufinden. (Er/sie „muss" kinder wecken, kinder füttern, sie anziehen, für sie kochen, sie irgendwo hin fahren/begleiten, in der wohnung soll es blitzblank sein, so aufgeräumt sein als lebe niemand darin, die gesellschaft erwartet eigentlich dass sie/er nebenbei arbeiten geht – möglichst viel, aber nicht zuviel...weil dann gilt man als rabenmutter/vater, sie/er soll gefälligst schauen dass immer glatt rasiert, die frisur sitzt und auf gar keinen fall in trainingshose rumlaufen (weil dann hat man laut karl lagerfeld die kontrolle über sein leben verloren), der/die partner/in erwartet abends eine massage und/oder heissen sex und so weiter und so fort...)

Du siehst – es ist schwierig. Sich komplett dem hamsterrad zu entziehen, ist beinahe aussichtslos.
Um dies zu unterstreichen, nachfolgend auszüge (nicht komplett und nicht exakt wortwörtlich) von den traurig-lustigen äusserungen von florian schröder (kabarettist, autor, etc.) während einer diskussionssendung bezüglich den fast nicht leistbaren anforderungen an den modernen mann und die moderne frau sowie dem

übertriebenen perfektionswahn in der heutigen zeit. Die äusserungen sind vor allem auf die anforderungen an einen lebenspartner bezogen.

„Der/die lebenspartner/in muss alles sein und haben! Muss gut aussehen, nachdenklich sein, spontan sein – aber auch vorsichtig sein."

Der perfekte mann muss:
„Der perfekte mann muss zuhören können. Aber er muss auch eine meinung haben. Diese soll er auch äussern...aber nur dann wenn sie auch gehört werden will. Wenn sie nicht gehört werden will, soll er die meinung trotzdem haben, aber er soll sie nicht sagen.
Er soll (für die frau) da sein...aber er soll auch weg sein. Er soll fürsorglich sein, er soll aber auch selbständig sein. Er soll also weggehen damit er wiederkommen kann. Wann er aber weggehen soll damit er wiederkommen kann, weil er eine meinung haben soll, weil er sie nicht haben soll – das muss er bitte spüüüren!!!"

Und die perfekte frau? Sie muss:
„Topmodell mager-schlank sein. Sie muss aber auch kinder wollen. Die kinder muss sie im richtigen moment wollen. Nicht mit 20 und auch nicht mit 40 sondern im richtigen moment. Dann muss sie auch die richtige anzahl kinder kriegen. Nicht 1 – das ist asi. Aber auch nicht 5 – das ist ego. Wenn sie die kinder hat dann muss sie wieder arbeiten gehen – und zwar zackig. Dann muss sie karriere machen, muss selbstbewusst sein. Wenn sie selbstbewusst karriere macht dann muss sie auch zuhause sein. Sie darf keine rabenmutter sein, aber auch kein hausmütterchen. Sie muss erfolgreich im job und zuhause eine liebevolle, total fürsorgliche mutter und frau sein. Und das alles bitte zur gleichen zeit! Und man darf ihr die kinder, die sie bekommen hat,

und überhaupt den ganzen stress, nicht ansehen – das ist das allerwichtigste!!!"

Darum wäre es wahrscheinlich sinnvoller wenn wir uns damit befassen würden wie wir mit dieser hamsterrad-situation umgehen sollten.

„Womöglich musst du vieles von all dem was du tust auch wirklich tun – wenn du all das was du willst auch wirklich willst."

Das muss halt jeder für sich selbst herausfinden was er wirklich „will" und worauf er nicht verzichten „kann".
Aber versuch dir möglichst nicht von anderen/aussen einreden zu lassen was >du< angeblich „willst"!
Versuche möglichst immer selbst zu entscheiden inwiefern und wie weit du dich ins hamsterrad begeben willst!
Kommst du zum schluss dass du das meiste von all dem was du „willst" wirklich willst – und dies eine ganze menge ist, dann mach was du tun „musst" um zu erlangen was du willst.
Versuche dabei aber, dich nicht zu verlieren!

Das zauberwort dafür heisst wohl wirklich „entschleunigung".
Und ja, ich weiss auch hierbei dass dies keine innovative idee ist. Aber so manches stimmt halt, und was stimmt und noch nicht unbedingt umgesetzt wird, kann gerne auch das eine oder andere mal wiederholt werden.

Was ist aber eigentlich gemeint mit dieser „entschleunigung"?
In einem der vorangehenden kapiteln habe ich erwähnt dass wir uns heutzutage in einem extrem schnelllebigen zeitalter befinden.
Schnelllebig? Ich würde schnelllebig etwa wie folgt beschreiben:

Einerseits bedeutet schnelllebig für mich in etwa das gegenteil von nachhaltig. Der menscheit fällt es also insgesamt sehr schwer kluge entscheidungen zu treffen die erst zukünftigen generationen zu gute kommen würden. Natürlich gibt es viele einzelmenschen die das können aber wenn die egozentrische gesellschaft und menschheit nicht als einheit wirklich dahintersteht, sind das leider nur einzelne lichtblicke. Somit werden irgendwann menschen künftiger generationen das ausbaden müssen was unter anderem „unsere" generation angerichtet hat und weiterhin anrichten wird.
Andererseits kommt meiner meinung nach eine schnelllebigkeit auch in folgendem sinne zustande.
Wenn wir zu viele ereignisse und zu viele reize in einen zu kurzen zeitraum packen.
Ein paar beispiele:

Wir schauen während dem essen tv und versuchen dabei unseren kindern noch zuzuhören wie sie von ihren tag berichten.

Wir laufen durch die stadt, beantworten gleichzeitig textnachrichten, gleichzeitig hören wir über kopfhörer musik und halten ausschau nach schnäppchen.

Wir gehen mit freunden in ein café, trinken was, unser mobiltelefon liegt wegen eintreffender nachrichten andauernd vibrierend auf dem tisch oder gar in unserer hand, nebenbei versuchen wir mitzubekommen was unsere freunde zu berichten haben. Von der potenziell anmutigen, schönen stimmung in diesem café bekommen wir garnichts mit.

Wir machen also sehr oft, sehr viele dinge zur selben zeit. Könnte man auch multi-tasking nennen. Unser gehirn kann sich erwiesenermassen jedoch nie! gleichzeitig auf mehr als 1 sache konzentrieren. Was es kann, ist lediglich verdammt schnell von einem gedankenvorgang zum nächsten übergehen. Dies macht uns quasi glaubhaft wir könnten uns auf mehrere dinge genau gleichzeitig konzentrieren. Durch dieses ständige gedankliche hin- und herspringen entseht eine reizüberflutung wodurch unser gehirn und somit natürlich auch wir als mensch in eine stresssituation geraten.

Ein grossteil der menschen hat das gefühl dass je mehr dinge/reize sie in einer bestimmten zeitspanne oder in einem moment unterbringen und erleben können desto wertvoller würde der moment. Oder über lange zeit betrachtet: Je mehr dinge man macht und erlebt desto wertvoller würde das leben. In wahrheit ist das gegenteil der fall.

Hierzu ein meines erachtens fantastisches zitat des verstorbenen publizisten roger willemsen:

„In der angst, das leben zu verpassen, wird es verpasst."

Wir sollten also versuchen einem moment (und letztlich unserem leben) nicht durch die masse oder anzahl der reize wert zu verleihen. Wir sollten versuchen einen moment dadurch wertvoll zu machen dass wir ihn ganz bewusst erleben!
Ich denke dafür brauchst du keine anleitung. Das muss jeder für sich selbst entdecken und entscheiden welches der richtige weg für einen ist.
Aber wie du anhand meiner genannten beispiele bezüglich zu vielen reizen innert einer zu kurzen zeitspanne bestimmt rauslesen konntest,

bin ich überzeugt davon (und man muss wohl kein experte sein um zu der erkenntnis zu kommen) dass die moderne technik einen enormen einfluss auf diese schnelllebigkeit, diese reizüberflutung, diese wertlosigkeit der einzelnen momente hat. Diesen kompletten sachverhalt möchte ich komplett runterbrechen und mit folgendem satz auf den punkt bringen:

„Vielleicht müssen wir nicht jedes stück torte posten…"

Und versuch doch mal beispielsweise im urlaub von den beeindruckendsten orten/momenten etc. eben gerade keine fotos zu machen. Erlebe den moment als solches ohne dich aufs fotografieren zu konzentrieren. Wenn der ort/moment wirklich beeindruckend ist, dann wirst du „das foto (bild)" solange du denken kannst in deinem kopf haben und es immer wenn du möchtest wieder abrufen können. Natürlich dürfen wir aber weiterhin urlaubs- oder sonstige fotos schiessen um diese schönen und speziellen momente zu einem späteren zeitpunkt wieder aufleben zu lassen. ;)

Und vielleicht sollte ich noch erwähnen: Natürlich ist es nicht das ziel das leben möglichst reizlos und langweilig zu machen um es wertvoll zu machen. Das ist quatsch! Nur damit wir uns richtig verstehen. Ziel sollte es wie gesagt sein, diese reizüberflutung einzudämmen, das leben zu „entschleunigen" und somit die einzelnen, hoffentlich wunschderschönen, augenblicke bewusst(er) zu erleben. Man könnte vielleicht sagen:

„Wir sollten versuchen „im jetzt" zu leben."

Um „im jetzt" leben zu können, müssen wir einerseits eben diese hektik reduzieren können und andererseits müssten wir es abstellen können andauernd zu planen. Die menschen in der heutigen gesellschaft sind ganz grosse planer und haben die sehr ausgeprägte tendenz dass sie dinge die sie „jetzt" tun, nicht tun um diese dinge zu tun, sondern um dinge in der zukunft zu erlangen.
Das allumspannende beispiel in unserer gesellschaft wäre in etwa:

Wir geben uns in der grundschule nicht vor allem deswegen mühe weil wir etwas wissen und lernen möchten sondern damit wir in eine möglichst gut angesehene sekundarstufe eingeteilt werden.
In der sekundarschule geben wir uns mühe damit wir anschliessend wennmöglich aufs gymnasium gehen können.
Aufs gymnasium wollen wir weil wir danach studieren möchten. Studieren möchten wir um danach mit der arbeit möglichst viel verdienen möchten.
Viel verdienen möchten wir um uns ein auto und ein haus kaufen zu können und fürs alter reserven anzuhäufen.

Beispiele kann man auch im kurzfristigeren rahmen machen:

Wir kaufen ein um damit kochen zu können. Wir kochen um essen zu können. Wir essen um nicht zu sterben. Wir wollen nicht sterben um...hmm...?

Viele treiben sport nicht weil sie es mögen sich zu bewegen und zu schwitzen sondern um nicht zuzunehmen respektive um abzunehmen. Sie wollen abnehmen um attraktiv zu sein. Sie wollen attraktiv sein um eine/n parter/in zu finden. Sie wollen einen partner um nicht alleine zu sein. Sie wollen nicht alleine sein weil sie angst davor haben.

Wir können also herausstreichen dass wir sehr vieles nicht tun weil wir sie tun wollen sondern weil wir damit etwas erreichen wollen was deswegen in zukunft eintreten könnte. Wir denken fast immer schon weiter, wir planen voraus. Diese fähigkeit des menschen ist grundsätzlich bestimmt ausserordentlich positiv. Nur nimmt dieses planen oftmals überhand und schmälert den wert des sich jetzt gerade ereignenden moments.

Der mensch – ein planer, der in der zukunft oder besser gesagt für die zukunft lebt und nicht „im jetzt" leben kann.
Andererseits habe ich anfangs dieses kapitels gesagt dass es der menschheit allgemein sehr schwer fällt kluge entscheidungen für künftig lebende generationen zu treffen.
Dies ist doch ein ziemlicher widerspruch…!?
Diesen sachverhalt würde ich abschliessend wie folgt erklären:
Der mensch ist grundsätzlich ein planer…aber die meisten von ihnen planen nur für die zeit voraus in der sie annehmen noch zu leben oder maximal noch für die generation ihrer kinder und allenfalls noch enkelkinder. (Denen solls ja schliesslich auch noch gut gehen.) Aber darüber hinaus möchten die meisten eigentlich keine kompromisse eingehen und denken und verhalten sich deshalb egozentrisch. In diesem kontext werden sie sozusagen vom planer, vielleicht nicht gerade zum „im jetzt" lebenden, aber sicher zum „jetzt" lebenden individuum, welches es zeit seines lebens hier möglichst gut haben will.

Also nochmals: 1. entschleunigung, 2. im jetzt leben,
und als 3. möchte ich dir den tipp geben mit so wenig „gepäck" wie möglich und nur soviel „gepäck" wie nötig durchs leben zu reisen.

Hierzu möchte ich eigentlich gar nicht grossartig etwas sagen. Hör dir besser einfach das lied „leichtes gepäck" von der band „silbermond" an und es ist eigentlich alles gesagt.

Ich sage dazu nur noch: „Mit weniger „gepäck" zu reisen ist auf jeden fall eine der möglichen behandlungsmethoden gegen reizüberflutung." (Es gibt eben auch eine materielle reizüberflutung.)

Abschliessend bezüglich leichtem gepäck möchte ich passend dazu noch eine kurze wahre geschichte erzählen.
Also...Es war einmal...(haha) Nein, kein scheiss – true story! Aber „es war einmal" klingt einfach verdammt nach märchen;).
Es war einmal eine frau mittleren alters. Sie war wohl mehr oder weniger vermögend, denn sie lebte in einer grossen wohnung mit rund 200 quadratmeter. Eines tages wurde sie in eine quiz-sendung eingeladen. Prompt schaffte sie es auf den „heissen stuhl". Und wie es der zufall oder das schicksal wollte, gewann sie sage und schreibe 500`000.- euro. In der kommenden zeit fühlte sie sich durch das geld frei dafür genau die dinge zu tun die sie wirklich tun wollte. Sie schrieb ein buch oder gar mehrere bücher. Die verkauften sich gut und sie wurde noch reicher.
Und jetzt rate mal wie gross ihre jetzige wohnung ist? ...denk! denk! denk! Deine antwort?
...Nein! Das war ganz schlecht geschätzt!
Ihre jetzige wohnung ist noch 38 quadratmeter „gross" – also klein. Warum das?
Sie selbst sagt dass sie im reichtum freiheit und das gespür für ihre echten bedürfnisse erlangen konnte. Sie hätte sich beinahe jegliche art von luxus gönnen können. Stattdessen spürte sie dass sie all diesen

oberflächlichen luxus gar nicht braucht und trennte sich von vielen materiellen gütern und statussymbolen.
Sie entschied sich also gegen die reizüberflutung vorzugehen und künftig mit leichterem gepäck durchs leben zu gehen. Ich denke damit setzt sie ein gutes zeichen gegen das übertriebe konsumverhalten der gesellschaft.

So, das wars jetzt endgültig von wegen entschleunigung, im jetzt leben und leichtem gepäck. Ich hoffe du konntest dir eine meinung bilden und vielleicht das eine oder andere für dich rauspicken.

aussteigen

„Sehr geehrte damen und herren, dieser zug fährt in richtung zukunft. Nächster halt: Zukunft.
Für alle passagiere welche nicht in die zukunft (mit)reisen möchten, ist hier endstation. Bitte steigen sie jetzt aus!"

In den vorangehenden kapiteln habe ich von normen, regeln, zwängen, vom hamsterrad und entschleunigung erzählt. Bevor ich in den kommenden abschnitten des buches auf einzelne spezifische gesellschaftliche fragen und/oder probleme eingehen werde, möchte ich jetzt einen kurzen einschub bezüglich „aussteigen" machen.

Quasi alle leute haben so ihre problemchen mit der welt. Es findet wohl jeder so das eine oder andere was man gerne hätte, wenn es anders geregelt, gemacht oder was auch immer wäre.
Es gibt auch viele, und ich bin sicher dass es weitaus mehr menschen sind als dass es sich auf den ersten blick vermuten liesse, die wirklich teils grössere probleme mit der welt, der heutigen gesellschaft, haben. Die meisten von ihnen können aber irgendwie damit leben. Sie spielen „dieses leben" halt irgendwie mit, ohne dabei echte zufriedenheit zu verspüren.
Aber dann gibt es da auch noch jene menschen für welche dieses von der gesellschaft aufgezwungene leben aufgrund ihrer eigenen geisteshaltung keine echte option ist. Sie können dabei bei weitem nicht sich selbst sein. Sie werden entweder gesellschaftlich geächtet oder sie steigen aus – auf welche art und weise auch immer.

An dieser stelle wiederhole ich gerne den auszug eines wikipedia-eintrags, welchen ich bereits im kapitel „man macht" verwendet habe: „Weichen denken und handeln eines individuums von gesellschaftlich anerkannten normen zu stark ab, spricht man davon, dass es „weltfremd" sei oder in einer privatwelt, fantasiewelt oder scheinwelt lebe. Als „weltabgewandt" gilt zum beispiel das leben von eremiten, mystikern oder asketen."

Vor einigen monaten habe ich eine fernsehsendung zum thema „hamsterrad" gesehen. In dieser war unter anderem ein eremit (also ein mensch, der als einsiedler mehr oder weniger abgeschieden von anderen menschen lebt) zu gast. Er hat sich für diesen weg entschieden weil er diesem vorherrschenden gesellschaftlichen system nichts abgewinnen konnte und es nicht mit seiner geistlichen haltung vereinbar ist. Dieser mann hat sich an einem flussbett eigenhändig eine holzhütte gebaut. Diese sieht garnicht mal so unwohnlich aus. Er hat weder krankenversicherung noch sonst irgendeine art von vorsorge. Er geht immer wieder mal in dorf oder stadt um sich durch verschiedenste dienstleistungen sein essen zu verdienen.
Er lebt sein leben so wie er es sich ausgesucht hat. Er ist kein teil der gesellschaft und nimmt auch keine wohlfahrts- und dienstleistungen der gesellschaft entgegen. Da empfinde ich es als absurd und weiteres armutszeugnis unserer gesellschaft dass er immer wieder behördliche probleme bekommt weil er bei sich bewusstseinserweiternde kräuter und gräser aufzieht – und natürlich auch konsumiert.
Auf jeden fall muss ich sagen dass mich dieser gesprächsgast, dieser eremit, mit seinen aussagen und berichten enorm gefesselt hat. Wahrscheinlich nicht zuletzt weil ich mich in ihm auf eine art wiedererkannt habe. Wir waren respektive sind bezüglich sehr vieler grundlegenden haltungen auf einer wellenlänge. Das heisst nicht dass

ich unbedingt und möglichst schnell den abflug machen möchte. Ich möchte eigentlich nicht komplett alleine leben. Ausserdem wüsste ich nicht ob ich mich „in der wildnis" schnell genug zurechtfinden könnte um bis dahin nicht draufzugehen. Vielmehr möchte ich versuchen das leben „hier" so zu leben dass es meiner innersten gesinnung so nahe wie möglich kommt.

zwischenbericht

Also eines ist klar. Ich habe bis hierhin viiieeel mehr zusammengeschrieben als dass ich es zu beginn vorhatte. Zum einen ist dieser fakt ja positiv zu sehen dass ich in der lage bin einigermassen viel über einigermassen wenig zu schreiben. Zum anderen nervt es mich ein wenig dass ich schon relativ viel zeit hierfür aufgewendet habe, in anbetracht dessen dass ich inhaltlich noch längst nicht im „herzstück" dieses buches angelangt bin. Ich kann dir sagen dass ich laut meiner brainstorming-themenliste inhaltlich jetzt ziemlich genau erst ein drittel der kapitel behandelt habe. Natürlich ist es möglich dass mir während dem prozess des schreibens noch das ein oder andere thema zusätzlich in den sinn kommt oder ich allenfalls das eine oder andere streichen werde. Und ich kann dir auch sagen dass ich zutiefst hoffe dass ich bezüglich zeitaufwand und umfang des buches bei weitaus mehr als einem drittel angelangt bin. Dies weil ich nicht möchte dass sich diese arbeit noch monatelang hinzieht. Ich möchte mich bald anderem, vor allem einer bestimmten angelegenheit, widmen. Klar, ich könnte mich auch bereits jetzt dieser sache widmen und das buch über monate hinweg so nebenbei fertig schreiben. Aber ich mache gerne jeweils nur eine (grössere) sache „zur selben zeit", für die ich jeweils meine ganze kraft, energie und konzentration aufbringe.
Wie gesagt, ich habe zuvor noch nie ein buch geschrieben. Ich schreibe zwar sehr sehr gerne. Was ich dabei aber als mental einigermassen schwierig empfinde, ist es dass ich das buch in meinem kopf eigentlich bereits komplett „geschrieben" habe. Auf meiner persönlichen festplatte, also in meinem gehirn, ist der komplette inhalt des buches bereits verfasst und gespeichert. Aber ausser mir selbst hat dadurch

trotzdem noch niemand anderes zugriff darauf. Also verbringe ich zahlreiche stunden und tage damit diese inhalte in eine form zu bringen auf welche dann auch andere menschen zugriff erhalten...

Mein ziel in der fortsetzung dieses buches ist es bestimmt nicht mir wichtig erscheinende gedanken wegzulassen. Vielmehr möchte ich, wo es möglich ist, den umfang der themen zurückschrauben, so dass die kernbotschaft bleibt. Weil mein ziel war es ja eben nicht ein umfangreiches, allenfalls literarisch wertvolles werk zu schaffen. Dafür gibt es sicherlich viele die das besser können als ich es kann. Also kein buch wofür man zig stunden braucht um es zu lesen und regelrecht zugetextet wird, sondern ein buch wobei man angeregt wird selbst zig stunden über alles mögliche nachzudenken...

In der fortsetzung möchte ich jetzt, wie angekündigt, einige gesellschaftliche fragen und/oder probleme ansprechen und, mal mehr mal weniger intensiv, beleuchten. Die thematiken werden dabei teils wild und wirr durcheinander gewürfelt sein, da eine durchwegs sinnvolle, logische anordnung kaum möglich sein wird. Aber dann geht es schnurstracks in richtung der eher philosophischen themengebiete welche von mir als „das herzstück" dieser arbeit angesehen werden.

probleme

„Probleme": Anhand dieser titelgebung lässt sich ganz leicht erkennen dass wir uns nun gesellschaftsspezifischen fragen und/oder, wie erwähnt, problemen zuwenden werden.
Bevor ich in den nächsten kapiteln auf einzelne probleme eingehen werde, möchte ich zuerst unser grundsätzliches verhältnis zu problemen kommentieren.

probleme des menschen:

Jeder mensch hat probleme irgendeiner art. Mal mehr mal weniger. Und natürlich gibt es zutiefst erschütternde schicksalsschläge, wie beispielsweise den verlust eines geliebten menschen, welche einen menschen für eine kurze oder auch lange zeit in ein tiefes loch fallen lassen. Ich möchte aber hier und jetzt eher so die alltäglichen probleme und problemchen ansprechen, jene probleme, die jeder kennt und die eigentlich immer (wieder) präsent sind.
Bezüglich dieser „probleme" bin ich überzeugt davon dass jeder mensch ein bestimmtes, in sich tragendes „problem-suche-und-finde-potential" hat. Also je nach mensch ein unterschiedlich hohes mass davon. Dabei ist es fast total irrelevant wie gross das jeweilige problem objektiv betrachtet und in tat und wahrheit ist. Es gibt menschen die sehen andauernd probleme und ihnen geht es subjektiv gefühlt eigentlich immer schlecht, egal was es ist und worum es geht. Es gibt auch menschen die sind äusserst unbeschwert und sie sehen nur selten ein echtes problem. Die meisten menschen sind natürlich irgendwo dazwischen einzuordnen.

Worauf ich hinaus möchte, ist dass man sich, je nach „problem-suche-und-finde-potential", einfach seine probleme zusammensucht, so dass jeder auf die für sich „nötige" anzahl und grösse der probleme kommt.

Als beispiel für einen menschen der ein hohes problem-suche-und-finde-potential hat:
Ein mensch hat viel geld, ist kerngesund und hat familie und gute freunde. Dieser findet dann aber probleme wie zum beispiel dass der rasen im garten scheisse aussieht, dass ein nachbar einen baum zu hoch wachsen lässt, dass die frisur heute schon wieder nicht sitzt, dass ein kind nur die zweitbeste note bei einer schularbeit geschrieben hat, etc. etc. – dieser mensch ist eigentlich ständig genervt und nie zufrieden obwohl er objektiv absolut auf der sonnenseite des lebens steht.

Ein gleichartiges beispiel könnte ich natürlich auch für einen menschen, der ein äusserst niedriges problem-suche-und-finde-potential hat, machen. Aber eben, ich möchte nicht mehr sooo viel schreiben. Du kannst dir bestimmt beispiele denken und hast meine gedanken bezüglich den problemen der menschen verstanden.

probleme der menschheit:

Hierbei möchte ich gerne das zitat von charles bukowski, welches ich bereits einmal im kapitel „wer ich bin" verwendet habe, wiederholen:

„Das problem mit der welt ist, dass die intelligenten menschen voller zweifel während die dummen voller selbstvertrauen sind."

Dieser sachverhalt trifft natürlich nicht zwingend auf den einzelnen zu, aber die tendenz stimmt ganz sicher. Die intelligenten denken zu viel nach und daraus ergeben sich oft zweifel. Die dummen denken nicht gross nach sondern sie machen einfach. Dass daraus dann oft dummheiten entstehen, versteht sich wohl von selbst.

glaube

Lass jeden menschen glauben woran er möchte! (sofern keine drittpersonen dadurch zu schaden kommen oder auch nur darunter leiden müssen)
…Und wenn jemand an nichts glaubt dann lass ihn auch das glauben!

Ich finde es nur schade dass die meisten gläubigen menschen in eine „glaubensgemeinschaft" hineingeboren werden und sie somit kaum die chance erhalten dass sie ihren eigenen „glauben" entwickeln können – sei es der glaube in eine gottesgestalt, der glaube in das universum oder was auch immer.

liebe und sexualität

Das gefühl der liebe und des verliebtseins ist wohl das schönste gefühl welches wir menschen verspüren können. Sei es die liebe zu unseren nächsten blutsverwandten, freundschaftliche liebe zu menschen mit welchen wir auf ähnlicher wellenlänge surfen können respektive zu denen wir eine gewisse seelenverwandtschaft fühlen oder aber die partnerschaftliche liebe zu einem oder mehreren menschen. In der letztgenannten art der liebe, also der liebe zu einem oder mehreren lebens(abschnitts)partner gehört meistens auch sex dazu, welcher nebst essen, trinken und schlafen zu unseren elementaren bedürfnissen zählt.

Aus sexueller sicht sind wir garantiert nicht monogam veranlagt. Was die liebe angeht...wir können sicher in meherere menschen zur selben zeit verliebt sein. Aber weil wir die beziehung mit dem einen menschen (in den meisten fällen) nicht aufs spiel setzen wollen, weil wir den geliebten menschen nicht verletzen wollen und keinen stress, sowohl mit dem partner als allenfalls auch zeitlich, wollen, ziehen es die meisten von uns vor mit jeweils nur einem partner das (liebes)leben zu teilen. Die meisten konzentrieren sich also darauf dass die liebe mit und zu dem einen partner solange wie möglich bestehen bleibt. Wie der einzelne aber damit umgeht, ist jedem selbst überlassen. Deshalb finde ich es äusserst schade dass gesellschaftlich ganz klar versucht wird einem die monogamie „aufzuzwingen". Wahrscheinlich wäre das familienleben und kinder grossziehen sogar einfacher wenn drei, vier, fünf erwachsene sich gemeinsam um haushalt, kinder und geld scheffeln kümmern würden. Aber um dafür bereit zu sein, braucht die gesellschaft wohl noch einige zeit.

Und zum anderen muss man auch festhalten: Der mensch ist mehr oder weniger egoistisch veranlagt. Viele können es sich also sicher vorstellen mehrere sexualpartner, vielleicht sogar mehrere liebespartner zu haben...aber dass die eigene partnerin/der eigene partner ein oder mehrere weitere partner/innen hat das können sich wiederum nur ganz wenige vorstellen.

Wir halten fest – es ist kompliziert!
Ich rate der gesellschaft nur, in zukunft nicht mehr (derart) tabuisiert mit sexualität (der sache der wir unsere existenz verdanken) und alternativen formen von lebensgemeinschaften umzugehen.
Und dir persönlich rate ich dass du darüber nachdenkst welches für dich der richtige weg in sachen liebe ist und ihn aufrichtig und ehrlich gehst – gegenüber dir selbst und deinem/r partner/in/nen gegenüber.

Respekt, ehrlichkeit und aufrichtigkeit sind meiner meinung nach die höchsten gebote in zwischenmenschlichen beziehungen respektive in der liebe.

Wenn du wissen möchtest ob dein(e) liebespartner die ganz grosse liebe für dich bedeutet/n (und auch umgekehrt), dann frage dich ob er/sie lieber mit dir (falls nötig) unter einer brücke schlafen/leben würde(n) (sinnbildlich für „mit dir durch die hölle gehen") oder sich dann doch eher trennen würde(n) und mit jemand anderem ein einfacheres und komfortableres leben suchen würde(n)...?

kinder kriegen – ja oder nein?

Ich möchte dazu nur eine einzige botschaft loswerden.
Beinahe alle menschen werden früher oder später mit dieser frage konfrontiert. Und ich höre eigentlich ausnahmslos nur egoistische argumente welche für oder gegen das kinderkriegen sprechen. Diese sind bestimmt auch relevant und sollten bedacht werden. Aber verdammt nochmal, ich finde die menschen sollten sich bei der beantwortung dieser frage auch mal in die rolle des allfälligen kindes versetzen und sich fragen:

„Würde ich gerne in diese (heutige) welt hineingeboren werden?"

kinderbetreuung und erziehung

Ich habe, stand heute, (noch) keine kinder. Deshalb wäre die glaubwürdigkeit sicher ziemlich begrenzt wenn ich grossartig etwas über die erziehung von kindern und damit verbundene themen erzählen würde. Deshalb möchte ich auch diese thematik sehr sehr kurz halten und nur ein, zwei aussagen tätigen.

<u>kinderbetreuung:</u>

Wir leben in einer gesellschaft in der die kinderbetreuung als wie mehr abgegeben wird, weg von müttern und vätern. Sei es in betreuungseinrichtungen oder zu verwandten und bekannten. In vorderster front stehen oft die grosseltern.
Die tendenz geht wohl, wenn wir gesellschaftlich so weiter machen, in die richtung dass grosseltern (wenn vorhanden und wenn möglich) beinahe die neuen eltern der zukunft werden.
Weil wann bekommen wir kinder? Zwischen 25 und 40.
Wann haben wir eigentlich keine zeit und keine nerven fürs kinderkriegen weil uns unser job, unser ego und unser wohlstand so dermassen wichtig sind? Zwischen ca. so ziemlich genau 25 und 40.
Und wer ist zu diesem zeitpunkt oft schon oder schon bald pensioniert, nicht ausgelastet und hat zeit, nerven und motivation jetzt endlich ein „guter vater"/eine „gute mutter" zu sein?
Ja richtig – die grosseltern.

Wir sind in der entwicklung dahin schon einigermassen weit fortgeschritten aber es wird in zukunft noch viel mehr in diese richtung gehen.

Grosseltern sollen, sofern möglich, eine gewichtige rolle im leben eines heranwachsenden spielen. Und ganz sicher sollte ein kind, sofern möglich, oft mit seinen grosseltern zeit verbringen, anstatt ständig in betreuungseinrichtungen gegeben werden.
Aber es ist garantiert nicht naturgewollt dass die eltern im allgemeinen als wie weniger zeit mit ihrem nachwuchs verbringen und als wie weniger einfluss auf deren persönliche entwicklung haben!!

kindererziehung:

Dazu kann und möchte ich eigentlich noch weniger sagen da ich noch keine kinder miterzogen habe und somit nur erfahrungen mit meiner eigenen erziehung gemacht habe.
Nur soviel: Man sollte seine kinder nicht in allen grösseren und wichtigeren entscheidungen bevormunden. Auf jeden fall in allen angelegenheiten unterstützend zur seite stehen, aber vor allem ab einem gewissen alter sich nicht mehr aus egoistischen gründen über ihren eigenen willen hinwegsetzen.
Ein eigener verstand und wille besitzt ein mensch nicht erst ab der volljährigkeit!
Ich erwähne dies vor allem weil es bei mir eine „gesellschaftliche verpflichtung"/feierlichkeit/veranstaltung im späteren teenageralter gab, welche nicht mit meiner geisteshaltung vereinbar war. Dies habe ich meinen eltern damals auch deutlich gemacht. Schliesslich musste ich aber einlenken und diese „phase" mitmachen.
Nein, keine angst! Es war nichts schlimmes. Diese phase brachte mitunter auch viel gutes mit sich. Nur der umstand dass ich damals, im alter von 15, bereits mündig genug war um zu wissen und zu entscheiden dass dieser „anlass" nicht mit meiner inneren haltung

vereinbar ist, ich jedoch dazu „genötigt" wurde teilzunehmen, nervt mich bis heute ein wenig.

Man sollte als eltern einfach nicht sturr auf seiner meinung beharren und diese durchsetzen (wollen), sondern seinem kind zuhören und versuchen einzuschätzen ob dessen meinungen und ansichten bezüglich gewisser angelegenheiten womöglich ja schon als ausreichend mündig angesehen werden können und müssten.

künstliche intelligenz

Wie man den nachrichten vernehmen kann, basteln einige grosse unternehmen daran, künstliche intelligenz zu entwickeln und weiterzuentwickeln und diese in roboter oder anderen maschinen zu verbauen. Diese maschinen werden in der lage sein zu lernen – also wie wir menschen (oder zumindest viele von uns;). Wir müssen uns also darauf einstellen dass maschinen uns bald nicht nur die muskelarbeit abnehmen können sondern auch die denkarbeit.

Wie müssen wir uns dann diese (zu)künftige welt vorstellen?
Werden diese maschinen dann unsere „sklaven" sein und wir kassieren das erwirtschaftete geld ab und können jeweils den ganzen tag nach lust und laune verbringen?
Oder werden uns diese maschinen nur gewisse arbeiten abnehmen können?
Oder übernehmen diese dinger früher oder später gar die weltherrschaft…?

Ich persönlich mag diese tendenz nicht wirklich dass wir durch technik, maschinen und auch die gesellschaft als wie mehr bevormundet werden. Und ich habe mich folgendes gefragt:

„Stellen nicht auch wir menschen bereits zum teil eine gewisse art von künstlicher intelligenz dar?"

Es ist doch so dass wir in einer welt leben, in der wir umgeben, wenn nicht gar eingeschlossen, von dermassen vielen regeln, gesetzen und zwängen sind. Sie beeinflussen unser verhalten in riesigem ausmasse.

Dann kommt hinzu dass wir von unendlich vielen nachrichten zugetextet werden die uns oftmals schon eine meinung weiss machen wollen und uns sagen, was momentan gerade in der welt wirklich wichtig sein soll. Und dann gibt es da noch riesige (und auch kleinere) unternehmen die uns sagen was und warum wir etwas bestimmtes konsumieren müssten, wie man aussehen sollte wenn man schön sein will, welche kleidungsstücke wir tragen müssten um „dabei" zu sein, etc. etc.

Auf den punkt gebracht: Wir werden völlig „verstrahlt" – die einen mehr, die anderen etwas weniger.

Jedenfalls wird es uns extrem schwierig gemacht, „das echte ich" zu finden, herauszufinden was uns wirklich wichtig ist (oder eben „wäre"), wie wir uns gerne ernähren würden, ob und wie wir uns gerne bekleiden möchten, etc. etc.

Wir werden dadurch also in mehr oder weniger hohem masse von äusseren begebenheiten geformt. Ich denke, ich gehe somit nicht zu weit in der behauptung dass wir eine gewisse art von künstlicher intelligenz sind und besitzen.

moderne medizin – fluch und segen

Ich möchte jetzt anmerken dass ich gewiss nicht jegliche (technischen) errungenschaften als negativ ansehe. Die menschheit hat zweifelsfrei grossartige, hilfreiche dinge erfunden.
Es geht vielmehr darum wie wir damit umgehen und wie wir sie einsetzen…

Nachfolgend möchte ich das eine oder andere zur modernen medizin sagen.
Es ist schlichtwegs genial welche möglichkeiten sich in diesem bereich in vergangener zeit aufgetan haben. Es ist doch grossartig dass uns (zumindest uns hier) heute bei etlichen gesundheitlichen problemen geholfen werden kann, bei welchen man vor x jahren medizinisch noch nichts hat tun können und viele menschen deswegen aus dem leben geschieden sind.

Als total verwerflich erachte ich es jedoch wenn aus der gesundheit respektive wohl eher der krankheit der menschen ein riesiges business gemacht wird. Nicht dass man damit seinen lebensunterhalt nicht verdienen dürfen sollte. Aber wenn alte menschen, jenseits der 85, 90 jahre künstlich aufgepeppelt und durch irgendwelche zweifelhaften methoden, wider die natur, noch „am leben" behalten werden, dann habe ich ein echtes problem damit.
Irgendwann hat ein mensch sein leben gelebt (oder auch nicht). Irgendwann ist man körperlich so schwach dass man nicht mehr leben möchte. Da dagegen zu arbeiten, damit geld abzuzocken, finde ich echt dreckig!!

Wenn ein mensch weder alleine noch mithilfe seiner angehörigen sein leben bestreiten kann, dann sollte es meiner meinung nach darum gehen, diesem menschen einen möglichst würdigen abschied zu gewähren und nicht darum ihn (oftmals gegen seinen willen) irgendwie am leben zu halten.

Diese zahlreichen fälle machen auch einen immensen anteil der gesamten gesundheitskosten aus. Und wir als gesellschaft zahlen für dieses verwerfliche system (zusätzliche) beiträge ein.

No-go-system!

Es ist garantiert kein zufall dass sich ausgerechnet viele (ehemalige) pfleger/innen nicht vorstellen können ihren lebens-spätabend dermassen unwürdig zu verbringen und sich eher einen freitod durch sterbehilfe vorstellen können.

Diese möglichkeit des freitods sollte meiner meinung nach für alle menschen zugänglich sein. Möglichst keine hässlichen selbstmorde mehr und auch nicht mehr die (alten) menschen mit allen mitteln „am leben" behalten!

strafrecht – unser umgang mit tätern

In einem land auf der eurasischen erdplatte ist ein mensch bereits ab 10 jahren schuldfähig, also wenn er im alter von 10 jahren etwas anstellt, wird er zumindest jugendrechtlich belangt. In einem anderen land, auf derselben erdplatte, ist dies erst mit 14 jahren der fall. Ein riesiger unterschied bezüglich der üblichen entwicklung eines menschen ob er seit 10 oder 14 jahren auf der lebt ist, isst und lebt. Ich denke man kann und sollte die schuldfähigkeit nicht direkt mit einer bestimmten anzahl lebensjahre verknüpfen.

Auch als schwierig erachte ich die frage ob ein bestimmter mensch als urteilsfähig (das vermögen sein handeln und die folgen einschätzen zu können) gilt oder nicht, was ja ein gewaltiger unterschied macht bezüglich wie hart und inwiefern ein mensch bestraft wird. Oder einfach gesagt: Gilt ein mensch als geisteskrank oder einfach als böse? Wird er als krank eingestuft, wird er durch immense steuergelder pädagogisch betreut und man muss mitleid mit ihm haben. Wird er aber als zurechnungsfähig eingestuft, wird er durch auch immense steuergelder im gefängnis eingeschlossen und man muss ihm zeigen dass er abschaum ist. Ich finde diesen versuch des unterscheidens ziemlich blödsinnig und behaupte dass jeder der eine schlimme tat ausgeübt hat – zumindest zum zeitpunkt der tat – auf irgendeine art und weise krank ist/war.

Für einen witz halte ich es beispielsweise auch dass der fahrdienstleiter der für das zugunglück im februar 2016 in bad aibling verantwortlich ist mit einer mehrjährigen haftstrafe wegen fahrlässiger tötung rechnen muss. Sofern dieser nach bestem wissen und gewissen gehandelt hat, sollte man ihn wegen diesem doppelten fehler nicht rechtlich belangen – mit diesem missgeschick zu leben ist für ihn bestimmt strafe genug. Fehler sind absolut menschlich! – auch wenn es meega hart für die angehörigen der opfer und für dabei schwer verletzt gewordenen ist.

Ich denke es stehen viele dinge unter strafe die dies eigentlich nicht tun sollten. Und wiederum dürfen viele dinge getan werden die meiner meinung nach absolut verboten sein sollten.
Zum beispiel im TV vorsätzlich astrologie- und horoskopscheisse verbreiten und den bemitleidenswerten menschen am telefon noch mehr scheisse erzählen und dafür auch noch geld abzocken. – Früher wurden solche menschen noch verbrannt…

Abschliessend möchte ich noch sagen dass ich unser strafrechtssystem lächerlich lasch finde. Es gibt viele menschen die nicht gerade in wohlstand leben. Jene menschen nehmen gerne hin und wieder eine kleine bestrafung in kauf um danach wieder ihr unwesen zu treiben. Diese menschen werden doch nicht durch einige tage oder wochen gefängnis von kleineren diebstählen etc. abgehalten. Teils sind sie gar obdachlos und die aussicht auf gitterstäbe, aber zumindest mit dach über dem kopf, ist garnicht mal soo übel.
Noch viiieel lächerlicher, auch wenn nicht zum lachen, wird es hinsichtlich schwersttäter und schwerstkrimineller. Diese menschen nehmen sich die freiheit und die macht das leben ihres/r opfer/s und ihren angehörigen durch schweren diebstahl und/oder vor allem durch körperliche und/oder psychische gewalt zu verändern, zu verschlechtern oder gar zu zerstören. Diese taten können durch absolut nichts in der welt wieder rückgängig oder wiedergutmacht werden!

Angenommen diese täter wären tatsächlich selbst schuld an ihren schlimmen taten, dann sollten diese (meiner meinung nach) über eine gewisse zeit lang misshandelt und gefoltert werden...und schliesslich dem tode überlassen werden. Ihr schicksal dass sie nach einer tat erwartet, sollte derart grausam sein dass möglichst keine weiteren menschen auf die idee kommen, schwerstverbrechen zu verüben.
Kurzum: Die gefängnisstrafe und auch die todesstrafe wären viel zu lasche massnahmen.

Ja genau, ich habe gesagt: „Angenommen diese täter wären selbst schuld an ihren taten, dann sollte man diese..."
Weil genau diese schuld bezweifle ich zutiefst respektive bin ich überzeugt davon dass sie keine schuld trifft.
Aber mehr dazu dann im philosophischen teil...

existenzberechtigung

Es gibt, wie bereits einmal in diesem buch erwähnt, schätzungsweise 8.7 millionen verschiedene arten von lebewesen auf der erde. Und jede einzelne spezies hat ihre existenzberechtigung!
Wir menschen sprechen gerne von „mensch und tier". Für mich ist aber klar dass auch wir tiere sind. Es kann nicht sein dass es 8`699'999 arten von tieren gibt…und dann gibt es da noch uns „menschen" – quatsch. Wir sind genau so „tier" wie alle anderen. Wir dürfen uns aber natürlich „menschen" nennen. Elefanten sehen sich sicher auch als „elefanten", alle anderen gattungen sind für sie „tiere". Die tiger sehen sich als „tiger", alle anderen sind für sie „tiere". Und so weiter…

Wir menschen denken aber wir sind die aller allergeilsten hier auf erden. Wir mögen, was die gehirnleistung (in bezug auf den intelligenzquotienten) angeht, den anderen lebewesen weit überlegen sein. In bezug auf die verschiedenen sinne gibt es jedoch wohl in allen bereichen zahlreiche lebewesen die uns bei weitem überragen.

Ich habe bereits einmal erwähnt dass bei höherem denkvermögen auch die potentielle dummheit in grösserem masse vorhanden ist. Dies ist auch in der frage bezüglich der existenzberechtigung unterschiedlicher lebewesen der fall. Der mensch stuft die lebewesen ganz bewusst oder auch ganz unbewusst nach deren wichtigkeit und deren wert ein.

„Wir als spezies „mensch" sind die grössten rassisten die je auf dieser erde gelebt haben."

Je nach grösse, aussehen, intelligenz, nutzen für uns, etc. bestimmen wir wie hoch die existenzberechtigung unterschiedlicher lebewesen sein soll.
Und ich sage dir: „Wir haben zwar die macht dazu, aber auf keinen fall das recht!!"

Beispiel der einstufung nach grösse des tieres:
Grundsätzlich knüpfen wir die daseinsberechtigung von lebewesen damit wie gross diese sind – je grösser, umso wichtiger sind sie. Also die meisten menschen haben überhaupt keine skrupel absichtlich ameisen, fliegen, schnecken, würmer, etc. zu töten. Und dies finden wir auch noch voll in ordnung – das macht ja schliesslich jeder. Bei kleintieren wie fröschen, mäusen, kleinen vögeln, etc. beginnen wir uns etwas mehr gedanken zu machen. Grössere tiere können wir kaum töten.

Beispiel nach äusserem erscheinungsbild des tieres (niedlichkeitsfaktor):
Je „süsser" ein tier auf uns wirkt desto höher stufen wir seine daseinsberechtigung ein.
Eine spinne z.b. erscheint den meisten von uns als hässlich – also...man darf sie töten.
Wenn ein hai an einem strand bis ins seichte wasser schwimmt, darf man ihn ganz an land ziehen, mit ihm selfies machen bis dieser erstickt und tot ist. Genau der gleiche sachverhalt mit einem süssen delfin...das gibt richtig ärger!! (Beispiel hai vs. delfin so geschehen im winter 2016)

Ich möchte dir mit auf den weg geben dass eine ameise nicht mehr und nicht weniger wert ist als ein hund, ein ach so süsses kätzchen, ein

delfin oder was auch immer. Und dass du, dass ich, dass wir menschen nicht mehr und nicht weniger wert sind als diese kleine ameise!
Stell dir mal kurz eine welt vor in der wir menschen die mit abstand kleinste spezies sind, umgeben von riesigen dinosauriern und weiteren lebewesen die zig und hunterte male so gross sind wie wir kleinen menschen. Und jetzt stell dir vor dass diese riesen einfach zum kleinen spass zwischendurch unseren mitmenschen die gliedmassen ausreissen, ihnen den kopf abbeissen oder sie einfach zertreten würden...

(Natürlich kommen wir nicht drum rum dass wir immer wieder mal kleinsttiere unabsichtlich zertreten. Das ist der lauf der dinge...
Aber tun wir dies ganz bewusst und vielleicht gar aus spass, dann ist dies eine riesige schande!!)

Wenn du dich für ein besonders wichtiges wesen hältst weil du schliesslich ein mensch bist, dann stell dir einfach ab und zu das ganze universum vor, schau in den sternenhimmel oder schau einen dokumentarfilm über das universum und du wirst feststellen dass eine riesige galaxie schon quasi garnichts ist im verhältnis zum universum. Du bist nicht diese galaxie, nicht ein sonnensystem, kein stern, nicht mal die erde, du bist ein verschwindend kleines partikel auf der erdoberfläche.

Kurzum: Mach dir bewusst dass es das universum nicht ansatzweise juckt ob du da bist, ob ich da bin, ob wir da sind!

PS: Angenommen das universum ist unendlich gross – dies würde bedeuten dass wir (als teil des universums) unendlich klein sind...

haustiere halten – ja oder nein?

Ich möchte dieses thema zwar erwähnen aber nicht viel dazu sagen. Auch bei der beantwortung dieser frage sollte man sich (wie beim überlegen ob man nachwuchs zeugen möchte) fragen ob ein allfälliges haustier denn wohl gerne bei einem und mit einem (anstatt mit artgenossen) leben würde? Dieser entscheid sollte auf keinen fall aus rein egoistischen gründen gefällt werden.

Als mensch mit einem (anderen) tier zusammenzuleben kann auf jeden fall etwas wunderbares sein und vor allem auch kinder positiv in ihrer entwicklung unterstützen.

Entscheidet man sich tatsächlich mit einem tier zusammenzuleben, sollte man sich der verantwortung bewusst sein und sich verpflichtet fühlen diesem lebewesen ein würdiges leben zu ermöglichen.

Ich möchte unbedingt noch darauf hinweisen dass tiere grundsätzlich nicht dafür bestimmt sind um mit uns menschen zusammenzuleben. Eigentlich sollten diese frei mit ihren artgenossen leben und ihren bedürfnissen nachkommen können.
Wenn man sich ein haustier „anschafft" dann ist das grundsätzlich eine entscheidung um eigene bedürfnisse zu befriedigen – den tieren tut man damit keinen gefallen!
Mit einer ausnahme:
Durch die „produktion" und „überproduktion" an haustieren (weil die menscheit dermassen egoistisch, verstrahlt und ignorant ist) landen jährlich millionen von tieren in tierheimen.

Wenn jemand wirklich bereit dazu ist ein tier bei sich aufzunehmen, es lieb zu haben und so artgerecht wie nur möglich zu halten, dann sollte man unbedingt ein tier aus dem tierheim wählen und auf keinen fall eines von zooläden oder einem züchter!

Nice to know:
Ratten eignen sich laut wissenschaftlicher studie sehr gut als haustiere.
Sie mögen es erwiesenermassen wenn man sie hochhebt, krault und streichelt.
Bei den bekannten kleinen haustieren wie hamstern, meerschweinchen etc. löst selbiges angstzustände aus weil sie von natur aus in dem moment denken dass sie gerade von einem greifvogel gepackt werden.
Aber weil ratten von uns menschen gemeinhin als eklig und meerschweinchen als „ach so süss" angesehen werden, entscheiden wir verdammten egomanen uns lieber für ein in ständiger panik und platznot lebendes meerschweinchen als für eine in glückseeligkeit schwelgende ratte…

fleisch essen – ja oder nein?

Dies ist ein thema worüber ich in letzter zeit öfters nachgedacht habe…

Der mensch ist sicher nicht für ein leben als vegetarier konzipiert. Das wird bereits deutlich wenn man sich unser gebiss ansieht. Der mensch ist von natur aus ein „allesfresser".

Und eines vorweg: Ich mag fleisch sehr. Egal ob ein fetter burger, spaghetti bolognese, ein gutes steak, schinken-sandwiches, etc. etc.

Aber die art und weise wie wir zum fleisch essen kommen, empfinde ich als richtig richtig schlimm, scheisse, bedenklich, pervers und alle weiteren passenden adjektive!!
Vor einiger zeit mussten wir noch tiere jagen um an fleisch zu kommen – ein „fairer kampf". Der schnellere, stärkere und/oder klügere hat gewonnen und durfte zur belohnung seine beute fressen. So funktioniert die natur – dies ist der lauf der dinge und so funktioniert eben die nahrungskette.
Und heute? Verf***te scheisse! Wir gehen in den scheiss supermarkt und kaufen mittels metal, papier oder plastik ganz einfach stücke von toten tieren ein. Und zwar fast ausschliesslich „tiere die gar nicht leben sollten". Diese lebewesen wurden von irgendwelchen drecksunternehmen gezüchtet. Der einzige lebenszweck dieser tiere besteht darin für uns (im richtigen moment) zu sterben. Und während dem diese tiere gemästet werden, vegetieren sie zumeist auf äusserst engem platz unter widrigsten bedingungen vor sich hin.
Gratulation an die menschheit – nooooot!!!

Aber wehe ich würde nachbars katze oder hund grillieren – das wäre was ganz anderes. Das fände plötzlich jeder schlimm. Ich finde sowiso dass künftig, wenn schon, dann auch süsse tierchen wie kätzchen, meerschweinchen, t-cup-schweinchen und so weiter zum verkauf angeboten werden sollten. Weil so wie es ist, ist das ganze system der fleischproduktion (abgesegnet von der gesellschaft/regierung) nicht nur grausam und verwerflich, sondern dazu auch noch extreeem rassistisch! Und dann sollten die firmen auch dazu verpflichtet werden, süsse fotos von den süssen tieren (am besten exakt von dem tier welches sich in der packung befindet als vorher/nachher-vergleich) auf den packungen zu platzieren. So quasi als abschreckung wie es bei den zigaretten gehandhabt wird.

Ganz ehrlich: Von mir aus könnten „wir" auch damit beginnen menschlein zu züchten um diese dann zu fressen. Diese würden sich wohl auch ganz gut zwischen zwei scheiben toast machen. Wenn dieser ganze prozess von der anzucht bis zum kauf gleichermassen abstrakt vonstatten ginge wie bei den anderen tieren, wären meine skrupel dieses menschenfleisch zu essen wohl genau gleich hoch/niedrig wie bei den anderen tieren.

Ich habe gesagt dass ich fleisch mag. Ich würde mir gerne mein fleisch „verdienen", im sinne von die tiere selbst jagen und zubereiten. Aber diese gezüchteten tiere zu essen, diese ganze drecksindustrie zu unterstützen – ich hasse es abgrundtief!!!

Anderweitig an fleisch zu gelangen ist jedoch kaum möglich in unserer gesellschaft.

Sollte ich auf fleisch verzichten weil die gesellschaft ein derart verwerfliches system eingeführt hat? – Ich habe ja schliesslich nichts dafür dass das ganze so abläuft...

Hmm...ich weiss es nicht. Ich weiss noch nicht wie sich der umgang mit diesem thema bei mir entwickeln wird. Vielleicht werde ich noch vegetarier. Aber würde das ausreichen? – Oder müsste ich, wenn schon, dann total vegan leben?

Eines ist jedenfalls klar:
Solange man dieses ganze system der „fleischproduktion" nicht hinterfragt, lebt es sich ganz gut damit – so ist es ja eigentlich mit dem kompletten gesellschaftssystem...
Nichts hinterfragen und alles ist gut!

unsere ernährung und die auswirkungen auf unsere gesundheit

Langer titel...aber ich werde dieses thema sehr sehr kurz halten und möchte nur ein paar wenige sätze kundtun bezüglich der ernährung der meisten menschen in unserer gesellschaft und wie sich diese womöglich auf die gesundheit auswirkt.

Du weisst ja sicher dass in eigentlich allen fabrizierten lebensmitteln, verschiedenste zusatzstoffe enthalten sind. In vielen lebensmitteln wimmelt es geradezu von künstlichen zusatzstoffen die dem lebensmittel eine längere haltbarkeit, einen besseren/stärkeren geschmack, eine bessere konsistenz oder auch eine tolle farbe verleihen. Andere kommen mit etwas weniger chemie aus.

Auch ich konsumiere durchaus viel mehr „chemie" als es mir lieb ist. Und ich bin gewiss kein experte auf diesem gebiet.
Aber ich halte es für durchaus interessant dass viele menschen die aus einem anderen kulturkreis (in dem fast ausschliesslich natürliche lebensmittel verspeist werden) in unseren eintreten, auf einmal beispielsweise unter haarverlust leiden (auch die frauen) und mit der zeit oftmals allergien und kreuzallergien auf lebensmittel entwickeln auf die sie zuvor (in ihrer alten heimat) nicht allergisch reagiert haben...

Rund ein drittel der menschen hier in mitteleuropa sind allergiker. Bei den frauen nahezu 40%.
In grossen teilen dieser erde, da wird man ausgelacht und nicht für voll genommen wenn man beispielsweise von einer „gräser-allergie" erzählt.

„Allergisch auf grass? Grass, mit das natürlichste auf erden. Auf das kann man allergisch sein?"

Mehr habe ich dazu eigentlich nicht zu sagen.

gleichberechtigung

Ich möchte in diesem kapitel zum ausdruck bringen dass grundsätzlich jeder mensch gleichviel respektive gleich wenig wert ist. Jeder hat dieselbe daseinsberechtigung.
Es spielt absolut keine rolle ob jemand hässlich oder schön, dumm oder intelligent, arm oder reich, behindert oder nicht, homo-, hetero-, bi- oder asexuel, schwarz, weiss, gelb, rot oder grün-blau oder ob jemand frau oder mann ist.
All diese attribute können wir üblicherweise kaum bis garnicht beeinflussen. Sie wurden uns „in die wiege gelegt".

Eigentlich müsste man denken dass damit alle menschen einverstanden sein müssten die über einen halbwegs gesunden menschenverstand verfügen.
Leider werden aber auch heute noch alle möglichen menschengruppen von vielen diskriminiert und/oder mit vorurteilen behaftet.

All diesen menschen die sich für „etwas besseres" halten, sage ich: „Ihr seid nichts besseres. Nehmt euch nicht für wichtiger als alle anderen menschen es sind. Wenn ihr von der natur reich beschenkt wurdet dann nehmt dieses geschenk in aller demut an und geht mit dieser durchs leben!"

Solltest du probleme damit haben dich von deiner arroganz zu befreien, rate ich dir die folgenden zeilen aus dem kapitel „existenzberechtigung" noch einmal zu lesen und zu verinnerlichen:

„Stell dir einfach ab und zu das ganze universum vor, schau in den sternenhimmel oder schau einen dokumentarfilm über das universum und du wirst feststellen dass eine riesige galaxie schon quasi garnichts ist im verhältnis zum universum. Du bist nicht diese galaxie, nicht ein sonnensystem, kein stern, nicht mal die erde, du bist ein verschwindend kleines partikel auf der erdoberfläche."

„Kurzum: Mach dir bewusst dass es das universum nicht ansatzweise juckt ob du da bist!"

„PS: Angenommen das universum ist unendlich gross – dies würde bedeuten dass du (als teil des universums) unendlich klein bist…"

Ich möchte dieses thema mit einem etwas platten, aber deshalb nicht minder gescheiten zitat meines geliebten menschen, welches die gleichheit aller menschen perfekt beschreibt, enden lassen:

„Wir alle sind einst aus einer pussy geholt worden und die scheisse jedes menschen stinkt."

grenzen

Wir leben in einer welt voller grenzen. Aber über die grenzen welche uns durch regeln, gesetze, etc. auferlegt werden, habe ich ja ausführlich geschrieben. Lassen wir dieses thema also beiseite. Ich möchte jetzt einiges loswerden bezüglich einer anderen form von grenzen – den landesgrenzen.

Was für eine idiotie!?
Für kein anderes lebewesen auf diesem planet sind landesgrenzen ein thema. Ihnen steht die ganze welt offen. Ohne zölle, ohne pass und ohne visum. Aber wir menschen, wir schränken uns ein.

Aber noch viel schlimmer als dass wir uns einschränken ist dass wir (westliche länder/gesellschaft) milliarden von menschen „ausschliessen"!!!
Quasi die ganze welt spricht sich ganz klar gegen rassismus aus.
Aber jetzt mal butter bei die fische: Landesgrenzen sind nichts anderes als rassismus!!! – Wir wollen uns gegen „die anderen" abgrenzen!
Klar, die reichen länder helfen („gerne") in form von lächerlichen spenden, ein bisschen entwicklungsarbeit hie und da blablabla. Aber bitte nicht soviel dass es uns wehtun würde, bitte nicht soviel dass wir wirklich merken würden dass wir etwas (ab)gegeben haben.

15'000 kinder unter 5 jahren verhungern weltweit jeden tag...

Und wir in der westlichen welt diskutieren verf*ckt nochmal darüber wie wir es schaffen können weniger zu fressen, welche f*cking diät wohl besser ist, gehen in allyoucanfress-restaurants.

Weltweit werden bis zu 2 milliarden tonnen (= 2'000'000'000'000 kg) lebensmittel pro jahr weggeschmissen!
Bei rund 1.5 milliarden menschen welche an extremer armut leiden, hiesse das dass jeder von ihnen weit über eine tonne pro jahr zusätzlich essen könnte – soviel zu essen, das schafft keiner von ihnen!

Die weltweite nahrungsmittelproduktion könnte locker über 10 milliarden menschen versorgen!

Die paar reichsten menschen der welt könnten die weltweite armut beseitigen, würden sie dies wollen!

Jeder einzelne mensch hat gleich viel/wenig wert…und die würde des menschen ist unantastbar.

Von wegen! Wir als westliche welt sind verdammte pussys, rassisten und in zeiten wo der terror des öfteren die schlagzeilen bestimmt, sage ich dass wir zudem auch terroristen sind.
Wir als einzelpersonen können das nicht ändern. Es ist ja schön und gut wenn jemand geld spendet, flüchtlingen hilft etc. etc. Aber dies sind tropfen auf den heissen stein. Den grossen systemwandel müssten die regierungen beschliessen und einleiten.

Die welt, die gesamte menschheit, die ganze gesellschaft, die regierungen und die einflussreichsten menschen müssten dieses von menschenhand geschaffene monster besiegen und begraben.

Wenn die welt, also die menschheit, wirklich für gleichberechtigung und gegen rassismus wäre dann würde niemand mehr an armut und schon garnicht an hunger leiden müssen. Falls gewisse teile dieser

erde sich tatsächlich nicht wirklich eignen um als mensch zu leben dann müsste man halt andere teile dieser erde für diese menschen bewohnbar machen oder bestehende siedlungsräume ausbauen.
Aber dass wir westliche welt wirklich gleichberechtigung wollen dass bezweifle ich schwer. Wir möchten viel lieber von schlechten nachrichten aus aller welt unterhalten werden, ein wenig mitleid mit manchen menschengruppen heucheln, ab und zu was spenden um was für unser empathie-bewusstsein zu tun, uns aber als etwas besseres als diese menschen fühlen, uns sorgen über altersrente, versicherungen, diäten, mülltrennung und so weiter machen und in grundsätzlicher angst vor allem was uns fremd ist, leben.

An der stelle ein kurzer exkurs zum thema angst:
Okay, wir wissen „angst" ist grundsätzlich etwas gutes und war evolutionstechnisch für den menschen enorm wichtig – säbelzahntiger und so ;) blablabla…
Aber jetzt mal ein sachverhalt über den hast du vielleicht noch nie nachgedacht. Es ist doch so dass die menschen in den südlicheren gefilden grundsätzlich lebensfroher und mit von aussen betrachtet weniger sorgen und angst durchs leben gehen. Ich habe vor einiger zeit einem renommierten angstforscher zugehört und dieser hat unter anderem auch darüber erzählt wie es zu diesem nord-süd-gefälle angeblich gekommen ist. Also…in früheren zeiten, damals wo es noch keine supermärte gab und man noch nicht einfach alles überall und zu jeder zeit kaufen konnte, mussten die menschen in nördlichen gefilden sich jedes jahr gedanken machen wie sie den winter am besten überstehen und überleben können. Sie mussten essen sammeln, lagern und damit über die kalten, unfruchtbaren monate kommen – sie mussten also sparen. Sie mussten in den fruchtbaren monaten schon an den winter denken und sich im winter allenfalls sorgen

machen ob die vorräte wohl zum überleben ausreichen werden. Sie konnten eigentlich kaum jemals total unbeschwert durchs leben gehen. Im den südlicheren gefilden war dies eigentlich kaum ein thema. Und da angst offenbar zu 50% vererbbar sei, ist es kein wunder dass diese umstände bis heute die menschen im norden respektive im süden in ihrer lebensart und –weise beeinflussen. Natürlich trägt auch der umstand dass die menschen im süden viel mehr sonne abbekommen als ihre artgenossen im norden, im wahrsten sinne des wortes zu mehr heiterkeit im süden bei. Diese angeborene angst und vorsicht kommt den „nordlichtern" heute jedoch im umgang mit geld entgegen. Deswegen ist es bestimmt kein zufall dass die „sunnyboys" und generell die länder im süden, aufs ganze gesehen deutlich mehr probleme damit haben mit ihrem geld haushalterisch umzugehen. Exkurs geschlossen.

Wir nerven uns lieber offenkundig darüber dass der schulsport unserer kinder momentan gerade nicht in der sporthalle stattfinden kann (währenddem menschen verhungen, verdursten, gefoltert werden, an schweren krankheiten und behinderungen leiden) weil darin flüchtlinge untergebracht wurden, als dass wir verdammt nochmal einfach die klappe halten und in tiefster demut leben mit unserem wohlstand und frieden. Ich habe ja bereits darüber geschrieben dass jeder mensch und jede gesellschaft sich seine probleme sucht – egal auf welchem niveau. Übrigens: Diese zu „uns" geflüchteten menschen, die „nichts" mehr haben, waren zum ganz grossen teil keine armen und dummen leute in ihrer heimat. Sehr viele von ihnen sind studierte, waren geschäftsleute und so weiter. Ihnen ging es vor dem krieg gut – auch in materieller hinsicht. Es gibt keinen grund diese menschen von oben herab zu betrachten – diese menschen sind grundsätzlich mit uns auf augenhöhe. (Und auch gegenüber menschen die weniger haben,

im geldbeutel oder in der birne, gibt es keinen grund und kein recht diese als weniger wertvoll zu sehen – egal ob flüchtling oder einheimischer.) Eben, diese menschen sind mit uns auf augenhöhe. Nur leider wurden sie durch krieg und terror aus ihrem leben gerissen und brauchen jetzt keine almosen sondern die aufrichtige unterstützung der „heilen welt". Es hätte auch dich treffen können! Kein wesen hat die wahl wo auf der welt es geboren wird! Sei dir dessen bewusst!
Zudem setzen wir uns lieber für tierschutz in allen möglichen varianten ein. Alle tiere dieser erde in ehren. Aber wir menschen sollten zuerst schauen dass es allen menschen dieser welt an nichts fehlt!
Sind darüber hinaus noch ressourcen, substanz und kompetenz vorhanden, können wir uns gerne um jedes (weitere) tier, jeden baum, jeden strauch, jede blume, jeden grashalm kümmern.

„Nein welt, du bist noch längst nicht da angekommen wo der weg dich hoffentlich hinführen soll!
…Und womöglich bist du noch nicht mal auf dem richtigen weg angelangt.
Ja welt, ich hasse dich!!! Ich bin mehr oder weniger gezwungenermassen teil von dir – fühle mich jedoch nicht als teil von dir! Zu weit liegen meine geisteshaltung und deine auf habgier beruhende ignoranz auseinander. Ich schäme mich dafür, teil von dir zu sein, kann mich nicht mit dir identifizieren. Nicht dass es mir nicht gut gehen sollte…aber wie kannst du nachts ruhig schlafen während der rest von uns (ver)hungert, (ver)durstet, an (teils unnötigen) krankheiten unnötig schwer leidet und daran stirbt?
Wenn du in den spiegel schaust, bist du wirklich stolz auf dich…?"

Aber es ist wohl wie bei so manch anderem thema. So lange man nichts hinterfragt, sich nicht vor den spiegel der wahrheit stellt, ist alles gut. Bravo! Congrats!

„Welt, wir sollten gemeinsam gegen die armut und für gleichberechtigung eintreten!"
Wir sind weltweit wohl die einzige spezies die theoretisch die möglichkeit besitzt als gesamtverbund flächendeckend gute, lebenswerte bedingungen für jedes einzelne individuum zu schaffen. Das wäre doch mal ein ziel!

1 welt – 1 menschheit:
All wir menschen sind von natur aus „mensch", wir kommen nicht von natur aus als „bürger eines landes" auf die welt – diese idiotie ist menschgemacht!
„Welt, lass uns bürger deiner selbst sein, keine patrioten!
Und lass uns gemeinsam für mehr individualität einstehen!"

PS: All diese nachrichten und immer wieder die gleichen diskussionen bezüglich wie man mit der „flüchlings-problematik" umgehen soll und wie allfällige pseudo-lösungen aussehen könnten, gehen mir total auf den sack!
Es kann schlichtwegs nicht sein dass ein mensch mit einem bestimmten schicksal in einem moment zuflucht und aussicht auf ein lebenswertes leben erhält und kurze zeit später werden einem anderen menschen mit gleichem schicksal alle hoffnungen geraubt!

Die ganze welt müsste dazu verpflichtet sein solidarisch zu helfen!!!

Und dies nicht nur in flüchtlingsangelegenheiten, sondern auch in der bekämpfung von armut und jeglicher sonstiger art von humanitären angelegenheiten.

PPS: Ich möchte noch ganz kurz etwas bezüglich dem materiellen reichtum mancher menschen sagen. Meiner meinung nach müsste eine umverteilung stattfinden. Und zwar so dass jeder einzelne genug hat um ein lebenswertes, menschenwürdiges leben zu führen. Und eigentlich sollte niemand mehr reichtum besitzen dürfen als dass er für sein leben, das leben seiner kinder, grosskinder und vielleicht noch für seine urgrosskinder gebrauchen kann um „in wohlstand" zu leben.

Was manche menschen an reichtum besitzen und was viele von ihnen damit machen...
Wenn man das von aussen betrachtet und beurteilt, da möchte man so viel kotzen wie man gar nicht fressen kann.

PPPS: Ganz ehrlich: Ich kann verstehen dass manche menschen, gruppierungen, kulturen, teile dieser welt, einen hass gegenüber unserer westlichen welt/gesellschaft entwickelt haben.
Natürlich muss man dazu sagen dass es vielen dieser „gegner" selbst auch an „(grund)werten" fehlt, vielen auch an intellektueller substanz und manche wurden einfach massivst einer gehirnwäsche unterzogen, was sie zu teils total abscheulichen und hirnrissigen taten schreiten lässt.

überleitung

Nachdem ich jetzt über so einige gesellschaftliche themen ziemlich kritisch geschrieben habe, ist es jetzt an der zeit dass wir zusammen in die eher philosophisch angehauchten „fragen" eintauchen. Dieser bereich liegt mir persönlich am meisten am herzen. Trotzdem habe ich auch hier nicht vor die einzelnen thematiken unnötig in die länge zu ziehen. Ich möchte dir in diesem abschliessenden teil des buches viel lieber auch genügend platz für deine eigenen gedanken einräumen...

Eigentlich bin ich schon seit sehr langer zeit ein „philosoph", aber da ich lange gar nicht wusste was ein philosoph eigentlich genau ist, war mir auch nicht bewusst dass ich ziemlich philosophisch veranlagt bin. Natürlich bin ich kein studierter philosoph oder so. Aber eigentlich kann jeder ein philosoph sein, der dies möchte oder man ist sogar ein philosoph ohne dass man es weiss.

Übrigens: Philosophie heisst auf deutsch etwa soviel wie „liebe zur weisheit".

Ich war und bin absolut keine leseratte. Aber irgendwie bekam ich vor etwa zwei jahren ein buch (das schicksal ist ein mieser verräter) des autors john green in die hände. Da dieses mir sehr zugesagt hat, las ich ein jahr später ein zweites buch (margos spuren) desselben autors. Nebst dem dass die geschichten jeweils einfach begeisternd und kurzweilig geschrieben sind, findet man darin auch immer wieder philosophische gedanken und ansätze welche zum nachdenken anregen. Und mit seinen gedanken und ansichten (oder jener seiner buchcharaktere) konnte ich mich sehr gut identifizieren. Er verlieh mir durch die bücher eigentlich keine neuen ansichten, sondern eher bestätigte er mir einige der meinen. Diese übereinstimmungen fühlten sich gut an und gaben mir eine gewisse sicherheit dass mein gedankengut nicht (nur) total abwegig und verrückt sein kann. Nicht dass ich bis jetzt gross abneigung aufgrund meiner ansichten erfahren hätte. Nur ist es doch leider so dass man (jedenfalls bei mir) eher selten bis kaum in passende situationen gelangt wo tiefergehendes gedankengut gefragt ist und man dieses auch preisgeben möchte. (Ausnahme: In gesprächen mit meinem geliebten menschen.)

Vor etwa einem vierteljahr habe ich interessiert einem philosophen der in einer gesprächssendung zu gast war, zugehört. Ein paar tage später kaufte ich ein buch dieses philosophen. Ich begann zu lesen. Doch, noch bevor ich auch nur die einleitung zu ende gelesen habe, überkam mich der gedanke, das gefühl, dass ich meine persönlichen (philosophischen) gedanken jetzt aufschreiben müsse, wenn es doch mein „ziel" ist dies einmal in meinem leben getan zu haben. Ich wollte nicht riskieren dass dieses buch womöglich meine ideen, gedanken und ansichten beeinflusst. So habe ich also damit begonnen meine gedanken niederzuschreiben. Das buch des philosophen liegt seither im schrank...

entscheidungen

Gerne möchte ich etwas über das thema „entscheidungen bereuen und hinterfragen" sagen.
Wir menschen neigen dazu oft zurückzuschauen und so manche entscheidungen zu bereuen.
Ich sage dir: „Du darfst gerne zurückschauen…aber bereue nichts!"
Im nachhinein stellen sich getroffene entscheidungen oft als richtig oder „falsch" heraus. Oftmals wissen wir aber auch nicht recht ob es die richtige oder falsche entscheidung war, also grübeln wir darüber: „Was wäre gewesen, wenn…?"

Ich möchte dir folgendes mit auf den weg geben:
„Wichtig ist dass du in dem moment in dem du eine entscheidung triffst, zufrieden mit deiner entscheidung bist und hoffentlich voll und ganz hinter dieser stehen kannst."

„Bist/warst du zum moment der entscheidung damit zufrieden, ist und war es die richtige entscheidung – egal was kommt!"

„Sollte sich zu einem späteren zeitpunkt herausstellen dass eine andere entscheidung vermeintlich positivere auswirkungen gehabt hätte, so macht dies deine zuvor getroffene entscheidung noch lange nicht falsch."

Ich möchte dieses thema beenden mit einem dazu passenden zitat von voltaire:

„Alle menschen sind klug – die einen vorher, die anderen nachher."

gut und böse

Gleich mal vorweg: Nein, ich möchte nicht über „das gute" und „das böse" an sich schreiben, also nicht versuchen zu definieren was das gute und was das böse eigentlich genau ist. Das haben schon verdammt viele versucht – und sie sind wohl allesamt irgendwie daran gescheitert. Weil es steht fest dass das konzept der kategorisierung/bewertung in „gut" und „böse" eine menschliche erfindung ist und dass je nach kultur/weltbild verschiedene ansichten bestehen was „gut" und was „böse" sein soll. Sogar jeder einzelne mensch (innerhalb einer gesellschaft) hat nochmals mehr oder weniger differenzierte ansichten von „gut" und „böse". Es ist folglich faktisch unmöglich eine allgemeingültige definition zu formulieren.

Wilhelm busch machte es sich relativ einfach in der beschreibung des „guten" als er am ende von „die fromme helene" meinte:

„Das gute – dieser satz steht fest – ist stets das böse, was man lässt."

Somit hätten wir also, vorausgesetzt man weiss was „das böse" ist, die absolut korrekte definition des guten. ;)

Eben, wie gesagt, ich möchte mich nicht daran machen „gut" und „böse" zu beschreiben. Aber ich finde grundsätzlich dass das eine persönliche sache ist, die im grunde jeder mit sich selbst ausmachen muss. Zudem denke ich dass es viele verschiedene „wahrheiten" gibt.

Die frage die ich in den raum stellen möchte ist folgende:

böse sein → böse aussehen
oder
böse aussehen → böse sein
?

Ich gebe zu, die fragestellung erinnert schwer an das problem:
„Was war zuerst da – das huhn oder das ei?" ;)
Jetzt aber mal im ernst: Wenn wir menschen sehen dann beurteilen wir diese ja sofort und versuchen ob bewusst oder unbewusst diese zu beurteilen. Schön oder hässlich? Attraktiv oder nicht? Sympathisch oder unsympathisch? Ehrlich oder „falsch"? Forsch oder scheu? Aggressiv oder ruhig?
Gefährlich oder ungefährlich – „gut" oder „böse"?
Diese fragen versuchen wir mittels beurteilung von gesichtsstruktur, markanten gesichtspunkten, gesichtsausdruck, körperstatur, ethnischer herkunft, stimme, kleidung, körperschmuck, etc. zu beantworten. Und natürlich irren wir uns immer wieder in dieser (ersten) einschätzung. Natürlich gibt es menschen, die wir von aussen betrachtet niemals als „böse" eingeschätzt hätten, die aber abscheuliche taten begehen. Aber ich bin absolut überzeugt und sicher dass die zahl der tendenziell richtigen einschätzungen überproportional zu den falschen ist.
Kurz gesagt: Es muss ein zusammenhang zwischen dem äusseren erscheinungsbild und den charaktereigenschaften eines menschen bestehen.
Deshalb meine frage, ob das naturgegebene aussehen eines menschen an die charaktereigenschaften angepasst ist oder ob es sich umgekehrt verhält und die charaktereigenschaften an das aussehen geknüpft sind?

Ich möchte und kann darauf keine antwort geben. Ich wollte dir lediglich diesen denkansatz liefern. Vielleicht bist du ja in der beantwortung dieser frage schlauer als ich es bin...

Auf jeden fall hat diese frage schon gegen ende des 19. jahrhunderts den italienischen gefängnisarzt cesare lombroso beschäftigt. Er untersuchte die schädelform von schwerkriminellen und leitete daraus den „homo delinquens" ab. Er glaubte, dass verbrechern das böse von geburt aus innewohnt und man es ihnen bereits an ihrem äusseren ansehen könne.

Ich denke, so total falsch lag er in seiner betrachtungsweise wohl nicht. Und in diesem zusammenhang eröffnet sich eine riesenfrage: Angenommen es besteht dieser naturgegebene zusammenhang von aussehen und charakter – ist es dann überhaupt korrekt und ethisch vertretbar dass man verbrecher bestraft?

Ich werde etwas später nochmals auf diese thematik zurückkommen...

Zu guter letzt bezüglich der frage ob zuerst das aussehen oder das verhalten „bestimmt" wird, möchte ich noch sagen dass dieselbe fragestellung natürlich auch in bezug auf die intelligenz gestellt werden kann. Also:

intelligent/dumm sein → intelligent/dumm aussehen
oder
intelligent/dumm aussehen → intelligent/dumm sein
?

beurteilung und umgang mit „anomalien"

Wie du siehst habe ich das wort „anomalien" in anführungs- („) und schlusszeichen (") geschrieben. Weil im grunde gefällt mir das wort „anomal" (beziehungsweise die bedeutung des wortes) ganz und gar nicht. Eine anomalie ist ja eine abweichung vom „normalen". Aber wie du weisst, gefällt mir auch das wort „normal" (beziehungsweise die bedeutung des wortes) nicht. Also möchte ich das wort „anomalie" eher als „abweichung vom durchschnitt" betrachten. Und eigentlich finde ich jegliche abweichungen vom durchschnitt grundsätzlich mal interessant. Wir als gesamtgesellschaft tun uns aber enorm schwer im umgang mit abweichungen vom durchschnitt. Sie werden grundsätzlich als etwas komisches, falsches, schlechtes, verwerfliches oder je nachdem sogar als etwas unzumutbares und/oder böses angesehen. Deshalb erfinden „wir" für alle möglichen abweichungen bestimmte bezeichnungen und möchten dass sie möglichst rasch verschwinden. Damit sie verschwinden, haben wir verschiedene möglichkeiten. Wir können sie durch physiotherapie, psychotherapie, medikamentös oder operativ behandeln. Sollten keine massnahmen greifen oder die abweichung schlicht „zu stark" sein, können wir diese menschen immer noch in irgendwelchen heilanstalten oder gefängnissen einsperren/verwahren. Bei minderschweren abweichungen kann es durchaus auch schon ausreichen diese menschen gesellschaftlich auszugrenzen…

Ich möchte gar nicht zuviel zu dieser thematik schreiben.
Vor allem möchte ich nochmals erwähnen dass durchschnitt nicht = normal bedeuten sollte, sondern durchschnitt ist = der durchschnitt von allen >abnormalen< individuen.

Es gibt somit keinen einzigen menschen der haargenau „durchschnitt" oder eben „normal" ist! Die abweichung zum durchschnitt ist einfach von mensch zu mensch unterschiedlich gross. Wir haben somit alle in verschiedensten bereichen unterschiedlich stark ausgeprägte „anomalien".
Also respektiere grundsätzlich jeden menschen und jedes individuum gleichermassen!

„Witzig" (also abgrundtief beschämend) finde ich zum beispiel den umstand dass menschen die ein stück weniger intelligent sind als der durchschnitt als „dumm" beschimpft werden und man grundsätzlich kein mitleid mit ihnen hat.
Ist aber bei jemandem das gehirn sehr stark unterdurchschnittlich entwickelt, dann wird dieser mensch nicht mehr als „dumm" angesehen, sondern er gilt als „behindert" – und da ist es dann plötzlich ethisch gar nicht mehr in ordnung irgendwelche beleidigungen auszusprechen.

Ein stück weit ähnlich verhält es sich bei körperlichen unzulänglichkeiten. Kleinere abweichungen werden eher belächelt. Grosse abweichungen gelten als „behinderungen" und darüber macht man keine „witze". Diesbezüglich muss ich aber sagen dass in unserer gesellschaft ziemlich stark und grossflächig indoktriniert wird dass man über äusserlich sichtbare (körperliche) „mängel" keine witze macht und die betroffenen personen nicht (aufgrund dieser mängel) beleidigt.

Es ist oft sehr schwirig und auch äusserst problematisch bei allen möglichen „abweichungen" eine kategorisierung zu betreiben und die

menschen in „behindert", „krank", „dumm", „böse" und „das ist sooo abartig strange, da fehlen mir die worte!" einordnen zu wollen.
Wir menschen tun uns bedeutend einfacher wenn es um die einordnung körperlicher abweichungen geht. Wir sind im allgemeinen damit einverstanden dass beispielsweise krebs >eine krankheit<, eine querschnittslähmung >eine behinderung< und eine fette warze mit dickem schwarzem haar in der mitte >eine hässlichkeit< ist.

Ungleich schwerer tun wir uns jedoch in der konsensfindung wenn es darum geht geistige abweichungen einzuordnen.

Okay, es hat sich langsam eingebürgert dass man eine depression oder das burnout-syndrom als >krankheiten< betrachtet. Trotzdem werden sie von vielen, die weder selbst noch im persönlichen umfeld damit zu tun haben, etwas belächelt.

Wie sieht es aber mit noch viel selteneren und somit auch stärker vom durchschnitt abweichenden abweichungen aus? Was ist zum beispiel mit „objektliebe"? Also menschen die gegenstände oder zumindest einen gegenstand lieben, so wie „wir" einen oder mehrere menschen lieben (können). Ist das eine krankheit oder sind diese menschen einfach plemplem?
„Solche" abweichungen sind zwar streng tabu aber insofern nicht so „schlimm" da diese menschen uns nicht-betroffene nicht belasten und nicht schädigen.

Wie sieht es aber aus mit starken abweichungen die uns potentiell in irgendeiner weise direkt oder indirekt schaden können? Greifen wir doch das thema pädophilie auf. Ein tabu-thema. Ein schimpfwort.

Eine krankheit? Eine behinderung? Oder sind diese menschen dumm und/oder böse?
Und auch wenn ich mir damit keine freunde mache, sage ich, dass diese abweichung an sich nicht schlimmer und nicht weniger schlimmt ist wie jede andere abweichung. Und auch nicht schlimmer als der durchschnitt. Und da es eine abweichung in sexueller hinsicht ist, sage ich auch, dass diese abweichung weder schlimmer noch weniger schlimm ist als beispielsweise die zuvor erwähnte objektliebe oder die homosexualität. Die einen lieben objekte, die anderen gleichgeschlechtlich und die pädophilen halt kinder. Alle drei dieser abweichungen werte ich (wie übrigens jede andere abweichung auch) nicht. In etwa 5% (der männer) haben pädophile fantasien! Zur pädophilie bei frauen habe ich bei meiner 1-minütigen recherche keine zahlen gefunden – es sollen aber auch viel mehr betroffene sein als man gemeinhin vermuten würde. 5% – das ist eigentlich verdammt viel! Das heisst so grob in jeder schulklasse gibt es durchschnittlich einen potentiell pädophilen menschen. Fantasien sind jedoch keinesfalls gleichzusetzen mit der diagnose „pädophilie". Es wird geschätzt dass etwas weniger als ein mann unter 1000 die diagnostischen kriterien der pädophilie erfüllt. Warum aber wird pädophilie als dermassen „böse" angesehen? Solange ein mensch mit seinen pädophilen neigungen niemandem schaden zufügt, wäre ja eigentlich alles in ordnung. Das problem dabei ist lediglich dass menschen mit dieser neigung auf legalem wege eigentlich keine chance haben ihre bedürfnisse zu befriedigen. Sie werden von der gesellschaft in die illegalität getrieben. Ich denke niemand sucht es sich aus pädophil „veranlagt" zu sein.

Ich habe auch kein problem damit wenn sich menschen pornografische filme mit pädophilem inhalt ansehen. Es ist in etwa derselbe sachverhalt wie wenn wir in den supermarkt gehen, uns fleisch kaufen und dieses essen. Um dieses fleisch kaufen und essen zu können, mussten aber vorher andere menschen schlimme dinge tun und anderen lebewesen schlimme dinge antun.

Die frage ist folglich: „Machen wir uns mitschuldig wenn wir produziertes fleisch kaufen + essen respektive wenn wir pädophile inhalte anschauen?"
Die antwort: „Eigentlich ganz klar ja!"
Nur stellt sich in beiden kontexten die folgefrage, wie man dann bitte sonst seine „bedürfnisse" stillen sollte…?
Und genau hierin liegt die krux!
Beim fleisch essen haben wir uns an diese „mittäterschaft" an der milliardenfachen sklaverei, misshandlung und des milliardenfachen mordes an verschiedensten (anderen) tieren gewöhnt.
Bei der pädophilie, da es eine minderheit betrifft, nicht. Somit empfinden wir pädophilie gemeinhin als verwerflich und abscheulich. Wären zweidrittel der menschen pädophil veranlagt, würden wir uns, so makaber es klingt, auch daran gewöhnen…

Wie gesagt, werte ich die pädophilie nicht – weder im schlechten noch im guten. Natürlich kommt es aber im zusammenhang mit pädophilie zu schwersten misshandlungen und verbrechen. Diese sind grausam, abscheulich und gilt es zu verhindern!!!
(Genau derselbe sachverhalt: Es gibt viele menschen die einer religion anghören. Und einzelnen menschen der glaubengemeinschaft hat es ins gehirn geschissen und sie verüben grausame verbrechen. Deshalb darf man aber noch lange nicht all die menschen, die der religion angehören, unter generalverdacht stellen!)

Man sollte mitleid haben mit menschen die absolut in schwerem masse pädophil veranlagt sind. Denn sie haben, sofern sie keine ganz ganz schwere straftat begehen, keine chance auf vollkommene sexuelle befriedigung. Weil, irgendwann reicht es einem menschen nicht mehr nur durch (bewegtes) bildmaterial stimuliert zu werden…

Absolut ein schwieriges thema welches meiner meinung nach gar nicht gelöst werden kann. Damit das problem gelöst werden könnte, müsste es ja kinder geben, die in sexueller hinsicht auf erwachsene menschen stehen. Aber da kinder noch kein sexuelles bedürfnis haben, gibt es keine (menschen)würdige lösung. Es ist trotzdem nicht klug von der gesellschaft, solch schier unlösbare probleme zu tabuisieren und die betroffenen menschen als abschaum zu betrachten.

Wie sieht es denn mit homosexualität aus?
Eine krankheit? – Nein!
Eine behinderung? – Nein!
Sind diese menschen im allgemeinen dumm? – Nein!
Sind diese menschen im allgemeinen böse? – Nein!
Sind diese menschen ganz „normal"? – Nein!
Auch sie sind, wie wir alle, in einem gewissen masse eine abweichung vom durchschnitt.
Und deshalb rate ich dir und allen anderen menschen ein weiteres mal:

„Respektiere alle menschen samt ihren kleineren, grösseren und immens grossen „abweichungen" und beurteile kein individuum (ab)wertend."

Es gibt eine zwickmühle, bei der es äusserst schwierig wird, respekt und toleranz walten zu lassen.
Nämlich dann, wenn wir das verhalten eines menschen als „böse" empfinden. Also bei verbrechern, lügnern, betrügern, etc.
Ich habe jedoch eine theorie, die dieses „böse" im menschen „erklären" würde und das ganze auch um einiges erträglicher machen würde. Mehr dazu in der fortsetzung dieses buches...

cogito ergo sum.

Eigentlich sollte der titel noch um zwei zeichen erweitert werden. Nämlich mit einem ausrufezeichen und, wer hätte es gedacht, mit einem fragezeichen. Folglich würde der titel dann „cogito ergo sum!?" lauten. Vermutlich hast du diesen lateinischen satz schon gehört. Vielleicht weisst du ja auch was dieser auf deutsch heisst. Falls nicht: „Cogito ergo sum." heisst auf deutsch soviel wie „Ich denke, also bin ich.". Und um genau diese aussage dreht sich dieses kapitel.

Exakt dieses kapitel soll „das herzstück" dieses buches werden. Ich weiss, grundsätzlich ist es nicht klug den höhepunkt vorab anzukünden – das kann eigentlich nur schief gehen. Aber jetzt habe ich mich „bewusst" dafür entschieden, mich diesem „druck" auszusetzen. Irgendwie vor allem zur eigenmotivation, weil ich ahne dass es sehr wahrscheinlich äusserst schwierig wird diese thematik/theorie, in schriftlicher form, verständlich zu erklären. Die fragestellung welche sich mir (und schon vielen vor mir) aufgetan hat im zusammenhang mit der behauptung „Ich denke, also bin ich." ist eine in höchstem masse interessante, komplexe und kaum jemals definitiv zu beantwortende. Auch wenn in einem komplett anderen kontext, ist die fragestellung, wie ich finde, relativ gut vergleichbar mit der frage, ob es eine gottheit (in irgendeiner form) gibt oder nicht. Es ist schlichtwegs und „buchstäblich" (beste grüsse an john green;) eine „glaubensfrage". Wer vom einen oder anderen überzeugt ist, findet argumente für seine „theorie" und argumente die gegen die andere sprechen.

Es gibt fragestellungen auf die es zwar 100-prozentig richtige antworten gibt, diese wir aber niemals finden werden.

Also, kommen wir nun zu „meiner" theorie. Ich möchte nochmals dazu sagen dass sicher schon ganz ganz viele menschen – „normalos", philosophen, wissenschaftler und bestimmt noch weitere – über diese aussage nachgedacht haben. Und sich viele schon an der beantwortung dieser „riesen-frage" versucht haben. Meine theorie ist also sicher nichts gänzlich neues. Ich denke es kann auch nicht sehr viele theorien geben. Eigentlich kann man nur das eine oder das andere für richtig halten. Oder man möchte gar nicht gross darüber nachdenken und hält beide möglichkeiten für plausibel. Eben, ich werde grundsätzlich nichts „neues" erzählen. Lediglich möchte ich, ohne dafür im internet nachzuforschen, meine gedanken und ansichten zur thematik in eigenen worten „zum besten" geben. Ich möchte dich, wie immer, nicht um jeden preis von meinen ideen überzeugen. Aber ich freue mich, wie immer, wenn 1 mensch mehr über die grossen fragen nachdenkt und wir somit in einer, um ein ganz kleines aber wertvolles stück, weiseren welt leben.

„Ich denke, also bin ich."
Klingt erstmal gut und irgendwie logisch.
Wir menschen haben gedanken, ideen, absichten, gefühle und so weiter. Dieses „denken" macht uns doch aus in unserer existenz, in unserer persönlichkeit. Was wären wir schon, wenn „wir" nicht denken könnten? Eigentlich nichts – eine leere hülle in körperlicher gestalt. Wir könnten nicht schreiben, nicht sprechen, nichts fühlen, uns nicht einmal bewegen...

Im 17. jahrhundert wurde der philosoph rené descartes von radikalen zweifeln an der eigenen erkenntnisfähigkeit, also an der eigenen denkfähigkeit, geplagt. Schliesslich fand er für sich einen nachweis welcher ihm sein „ich", seine eigene denkfähigkeit, bestätigte.

„Da es ja immer noch ich bin, der zweifelt, kann ich an diesem ich, selbst wenn es träumt oder phantasiert, selber nicht mehr zweifeln."
(zitat: rené descartes)

War im grunde gar kein so dummer mann, dieser rené. „Er" dachte wirklich über das eigene „ich" nach, über die selbstbestimmte denkfähigkeit. Und „er" fand (oder „er" erfand?) für sich einen nachweis welcher ihn in seinen „selbstzweifeln" beruhigte.

„Ich denke, also bin ich."
Ich bin nur teilweise von dieser aussage überzeugt. Ich bin absolut überzeugt davon, respektive ist es einfach klar, logisch und erwiesen, dass in unseren gehirnen denkprozesse stattfinden. Auch bin ich damit einverstanden dass die denkprozesse und die damit verbundenen aktionen, nebst dem physischen (körperlichen) erscheinungsbild, unsere persönlichkeit ausmachen und definieren. Und wenn du jetzt aufmerksam warst, weisst du jetzt welches (entscheidende) puzzleteil fehlt, um der theorie von descartes zustimmen zu können...
Jap genau! Es fehlt die verknüpfung von den zweifelsfrei bestehenden denkprozessen im gehirn zum „ich".
Kurzum: Mich „plagen" radikale zweifel an der richtigkeit des teilsatzes „Ich denke,". Ich glaube nicht daran dass „ich" denken kann. Es, das gehirn, denkt in meinem kopf. Das klingt für dich womöglich etwas sehr strange. Kann ich auch absolut verstehen, falls du noch nie darüber nachgedacht hast und noch nie mit diesem gedanken

konfrontiert wurdest. Aber ich möchte in der fortführung des kapitels versuchen, dir meine gedanken mitzuteilen und zu begründen. Daraus kannst du dir dann hoffentlich deine „eigene" meinung zum sachverhalt bilden. Achtung: Ich habe gesagt, ich möchte versuchen meine gedanken zu begründen und nicht, da unmöglich, zu beweisen!

„Ich" – was meinen wir eigentlich mit diesem „ich"? Was soll dieses „ich" sein?
Wir haben im allgemeinen eine sehr körperlastige vorstellung des „ichs", welche auf unserem äusseren erscheinungsbild beruht. Können wir uns also vor einen spiegel stellen und das was wir darin sehen ist das abbild des eigenen „ichs"?
Nein, wohl kaum. Das was uns der spiegel zeigt, ist das spiegelbild unserer hülle. Diese hülle, also unser körper, ist quasi unsere hardware. Sie wird uns von der natur/vom universum zur verfügung gestellt damit wir unser leben absolvieren können und damit wir unsere gedanken und ideen in physischer art und weise ausführen können.
Wenn wir also ein wenig länger überlegen dann kommen wir wohl darauf dass es eher unserere gedanken und gefühle sind die unser „ich" ausmachen und definieren und darauf dass unser körper uns lediglich bei der darstellung und ausführung dieser gedanken hilft.

Und wo finden denn diese denkprozesse statt?
Ja natürlich, damit sind wir hoffentlich alle einverstanden, finden diese im gehirn statt.
Jetzt ist aber die ganz ganz grosse frage, womöglich die grösste frage unserer existenz:

„Wer oder was bestimmt diese gedanken?"

Die antwort auf diese frage lautet so gut wie immer: „Ja, ich natürlich!!!"
Bist du sicher? Ganz sicher? Ganz ganz sicher? Ganz ganz ganz sicher? Und falls du dir sicher bist – wer oder was von/in dir ist sich sicher...???
Ich bin in höchstem masse davon überzeugt dass nicht „ich" es bin, dass nicht „wir" es sind, die unsere gedanken steuern und bestimmen! Und ich hoffe du kannst mir in der fortführung folgen respektive hoffe ich dass es mir gelingen wird die einigermassen komplexen sachverhalte auf verständliche weise darzustellen.

Damit wir tatsächlich unser gehirn steuern könnten, müssten wir, also unser wirkliches „eigene ich", über ein dafür zuständiges „intelligentes organ" verfügen mit dem wir dem gehirn befehle erteilen könnten und ihm somit mitteilen was es gefälligst zu denken hat. Dieses „organ" wurde bislang nicht gefunden und wird auch in zukunft nicht auffindbar sein – da es nicht existiert.

Was denkst „du" denn wer oder was dein „ich" ist und somit deine denkprozesse im gehirn steuert?
Dein herz? Nein, bitte nicht! Das herz hat mit der blutversorgung aller (anderen) organe gewiss genug zu tun. Und zwischen jeweils zwei pulsschlägen bleibt nicht wirklich viel zeit für intelligente gedankenvorgänge. ;)
Stellt irgendein höherer 6. sinn oder „deine seele" dein „eigenes ich" dar und bestimmt somit die gedanken die in deinem gehirn ablaufen? Hmmm...wäre das deine meinung, nähme ich diese zur kenntnis und würde mich immerhin darüber freuen dass „du dir" gedanken gemacht hast und über eine meinung verfügst.
Oder gott? Es gibt natürlich menschen, die sagen dass ihre gedanken und taten gottgewollt sind. Dass sie selbst keinen einfluss auf ihre

gedanken und taten hätten, sondern in gottes namen handeln. Somit würde also gott ihr „wirkliches ich" darstellen. Einerseits finde ich diese ansicht nicht sehr einleuchtend, da ich persönlich an keine form einer gottesexistenz glaube. Andererseits hat diese theorie, meiner meinung nach, einen höchst intelligenten ansatz. Nämlich damit dass diese menschen scheinbar erkannt haben dass sie ihre gedanken nicht „selbst" beeinflussen können. Wenn ich jetzt in dieser theorie die existenz gottes durch die bedeutung und das wort „kosmos" (weltordnung) oder „universum" ersetze, dann wäre ich mit diesen menschen eigentlich auf genau derselben wellenlänge.

Also, wie gesagt, „ich" denke dass wir keine eigenen, selbstbestimmten gedanken haben können. Nicht „wir selbst", sondern alleine das gehirn denkt. Und wenn man noch weiter gehen möchte und die frage beantworten möchte, wer oder was dem gehirn „aufträgt" was es denken soll, dann wäre meine antwort: Die „natur", das „universum", der „kosmos" oder, wenn man will, „das nichts".

Dadurch wird die frage, wer oder was das eigene „ich" sein soll, eigentlich hinfällig. Es existiert meiner meinung nach schlichtwegs „nicht". Ja, dieses egoistisch veranlagte, scheinbar immer präsente „ich", „ich", „ich", es existiert nur in unserer vorstellung!
Und ich bin mir nicht sicher ob diese definierung unseres daseins über das eigene „ich" von vorteil für die existenz der menschen und damit auch der menschheit ist. Ich denke (andere) tiere definieren sich, von viel weniger bis wahrscheinlich sogar gar nicht, über das eigene „ich". Ja, vielen von ihnen fehlt sogar die fähigkeit sich überhaupt über irgendetwas definieren zu können und wollen. Sie existieren und leben einfach. Oftmals wohl nur durch „naturgegebene" instinkte getrieben.

Es ist aber sicher so dass die „uns" verliehene fähigkeit des willens zur vermeintlichen selbstdefinierung über ein sogenanntes „ich" zur stetigen und rasanten weiterentwicklung der menschheit geführt hat. Dieser scheinbar vorhandene „eigener wille" treibt uns menschen immerzu an und trägt zur ständigen weiterentwicklung nicht nur bei, sondern er ist der grund dafür. Dabei spielt es gar keine rolle ob die menschen tatsächlich über einen eigenen willen verfügen oder nicht – es reicht vollkommen aus dass sie an dieses „ich-bewusstsein" glauben. Und sofern es nur einige wenige menschen sind, die nicht an das vorhandensein eines „eigenen ichs", eines „eigenen willens" glauben, spielt dies für die menschheit/die gesellschaft quasi keine rolle. Auch diese menschen werden im gesamtsystem irgendwie mitgenommen. Würden allerdings grosse teile der menschheit nicht mehr an die existenz des „eigenen ichs" glauben, hätte dies wohl immense auswirkungen. Wie diese veränderungen konkret aussähen, kann ich nicht sagen und ob diese als positiv oder negativ zu werten wären, müsste auch jeder einzelne für sich selbst entscheiden.

Wir kommen also zur welt, die meisten von uns mit einem gehirn ausgestattet. ;)
Dieses verfügt über eine gewisse „naturgegebene" grundeinstellung, also eine „starteinstellung" sozusagen. Bei jedem menschen sieht diese ein kleines oder grösseres bisschen anders aus, ausgestattet mit unterschiedlich hohen potentialen in verschiedenen bereichen. Im laufe unseres lebens wirken ganz unterschiedliche reize aus unserem „umfeld" auf unser gehirn ein. Diese reize kommen von anderen menschen (eltern, geschwistern, verwandten, bekannten, freunden, kollegen und weiteren), von tieren oder auch von der natur aus und beeinflussen und „formen" unser gehirn. Durch diese reize lernen wir

alle möglichen dinge, entwickeln gefühle, werte, interessen, ängste, etc.
Je nach naturgegebener einstellung, mit der wir ins leben gestartet sind, reagieren wir sehr unterschiedlich auf die zudem auch sehr unterschiedlichen reize, denen wir ausgesetzt wurden und werden.
Also einfach gesagt: Je nachdem mit wem und mit was wir aufwachsen und leben, dementsprechend entwickelt sich unser naturgegebenes gehirn und bestimmt unser leben.
„Du", „ich", „wir", haben absolut keine macht über unsere gedanken und unsere taten! – Weder im guten noch im schlechten.

Wir sind unserem gehirn machtlos ausgesetzt und unser gehirn wiederum ist dem universum, dem kosmos, der natur genauso machtlos ausgesetzt.

Übrigens: Durch diese theorie, die ich dir gerade vermittle, entsteht genau in diesem moment auch ein reiz auf dein gehirn. Und solltest „du", also dein gehirn, annehmen und glauben was ich dir hier vermittle, dann könnte dies durchaus zu einer grösseren veränderung in deiner lebensweise führen. Womöglich würdest du gar nichts mehr in deinem leben auf die reihe kriegen, weil „du", also dein gehirn, dann denken würde dass es ja ganz von alleine denkt und befehle gibt und „wir" nichts dafür tun können. Ein ziemlich „gefährlicher" umstand! Und genau deswegen hat es das universum, die natur oder was auch immer, so gewollt dass wir über ein scheinbares „ich-bewusstsein" verfügen.

Auch wenn es eigentlich unmöglich ist dass das „eigene ich" existiert, es eigentlich unmöglich ist dass wir in unserem leben auch nur einen einzigen „selbstbestimmten" gedanken fassen können, existiert dieses

„ich" in gewisser weise, da die natur dafür gesorgt hat dass unser gehirn so egoistisch veranlagt ist dass es glaubt sich seine gedanken selber aussuchen zu können und uns damit ein gefühl des „eigenständigen seins" vermitteln kann.

Und obwohl ich jetzt über dieses thema geschrieben habe, muss man festhalten dass wohl kein einziger der von mir wiedergegebenen gedanken von mir selbst, von meinem eigenen „ich", stammt, sondern ich lediglich mittels meinem gehirn und den mir zur verfügung gestellten fingern eintippe, was mir der kosmos, das universum, die natur, eingegeben und aufgetragen hat…

Und für dich gilt wohl dass „du selbst" weder entscheiden konntest ob du dieses buch in die hände kriegst oder nicht, noch ob du es lesen wirst. „Du" kannst weiter auch nicht entscheiden ob du das buch interessant findest oder nicht, nicht ob du ähnliche ansichten vertrittst wie ich und auch nicht ob du mir diese theorie glaubst oder nicht.
Es kann aber durchaus sein dass die letzten beiden sätze, in denen ich auch dich als „machtlos" beschrieben habe, einen reiz auf dein gehirn ausgeübt haben, so dass dein gehirn, da es im „stolz verletzt" wurde, dir jetzt zum beispiel den gedanken vermittelt dass „du" jetzt nicht mehr an „meine" theorie glaubst – oder jetzt erst recht…!?

Du siehst, es ist eine höchst komplexe thematik…die im grunde total einfach und unkompliziert ist. Wie auch immer wir es drehen und wenden, wir können unser gehirn nicht überlisten. Wir menschen sind und bleiben marionetten unserer gehirne und unsere gehirne sind wiederum marionetten der gesellschaft, der natur, des kosmos, des universums.

Dazu wunderbar passend das zitat von petra tränkner:
„Wenn „du" denkst, >du< denkst, dann denkst „du" nur, >du< denkst, aber denken tust >du< nie. Denn beim denken der gedanken, kommen dir oftmals die gedanken, dass das denken der gedanken ein gedankenloses denken ist."

Ich hoffe ich konnte dir meine gedanken zum thema „cogito ergo sum!?" / „ich denke, also bin ich!?" verständlich darlegen.

folgerungen

Welche folgerungen kämen denn zustande wenn wir die these annehmen würden dass unser gehirn, mit jeweiliger naturgegebener „starteinstellung", jeweils nur auf äussere reize reagiert und sich somit (weiter-)entwickelt und „unsere" gedanken bestimmt und somit auch unsere taten?

Wir hätten dadurch z.b. keinen grund und kein recht mehr auf irgendetwas dass wir geschafft haben stolz zu sein. Weil wenn wir für eine „aufgabe" die passenden naturgegebenen körperlichen und geistigen voraussetzungen mitbekommen haben und unser gehirn den zur bewältigung dieser aufgabe passenden reizen ausgesetzt wurde, dann wird die aufgabe geschafft. Ohne das zutun unseres eigenen „ichs"!
Das würde ich gerne kurz anhand eines beispiels darlegen.
Greifen wir doch kurz mal das beispiel für einen spitzensportler auf. Nehmen wir mal an es handelt sich um einen fussballer und er nennt sich „runaldu".
Er ist ein mensch der mit unglaublich guten körperlichen voraussetzungen um profisportler zu werden, geboren wurde. Dafür kann dieser mensch nichts. Diese eigenschaft wurde ihm in die wiege gelegt. Ausserdem sind seinem gehirn reize zugekommen, die ihn zum fussball brachten. Weitere reize sorgten dafür dass er beim fussball verblieb. Nochmals weitere dafür dass es zu seinem ziel wurde darin so gut wie nur irgendwie möglich zu werden. Somit ist es nur logisch dass dieser mensch einer der besten, wenn nicht gar der beste, seines fachs wurde. Aber sein „ich" war zu keinem zeitpunkt dafür zuständig zu entscheiden ob er fussballspielen möchte, auch nicht ob er darin

weltklasse werden möchte und auch nicht dafür ob er es schaffen würde. Der mensch „runaldu" ist lediglich die menschengestalt die das ganze erlebt.
Dieser „runaldu" hat also weder einen grund noch recht auf sich stolz zu sein.
Aber damit er derart grossartig gut werden konnte, war es jedoch vonnöten dass ihm sein gehirn andauernd vorgegaukelt hat dass „er selbst" so gut werden will (motivation) und ihm zur belohnung immer wieder ein sehr starkes gefühl von stolz verliehen hat, wenn er (teil-)ziele erreicht hat. Dieser sehr ausgeprägte stolz liess ihn immer akribisch und hart weiter arbeiten.

Also, stolz ist wohl vonnöten in der erreichung von zielen, ist aber im grunde total unberechtigt! (Ich weiss, es ist kompliziert...) Angebracht wäre meiner meinung nach stattdessen eine demütige zufriedenheit.

Gleichermassen, nur genau umgekehrt, verhält es sich wenn aufgaben/ziele nicht erreicht werden.
Wir können absolut nichts dafür. Aber da unser gehirn sich selbst, als naturgegebene schutzreaktion, vorgaukelt dass es mehr oder weniger (je nach mensch) im stolz verletzt sei, ist grundsätzlich dafür gesorgt dass „wir" uns mehr oder weniger stark und schnell weiterentwickeln „wollen" und werden.

Und jetzt kannst du dir bestimmt auch vorstellen welche meinung ich vertrete in bezug auf verübte verbrechen...
Ich habe in einem vorangegangenen kapitel dieses buches einmal gesagt dass:
„Wenn schwere straftäter wirklich selbst schuld an den begangenen verbrechen hätten, dann müsste man diese bösen und grausamen

menschen misshandeln, foltern und sie irgendwann dem tode überlassen."

So...aber eben, ich habe bereits damals erwähnt dass ich grosse zweifel an der „selbstschuld" dieser menschen habe. Nach der „theorie" des nichtvorhandenseins des „eigenen ichs" sind alle straftäter, da ohne eigene entscheidungsmacht über ihre gedanken und taten, frei von „eigener" schuld.
Ich weiss nicht recht wie sehr menschen bereits bei ihrer geburt „das gute" und eben auch „das böse" in sich tragen. Klar ist für mich jedoch trotzdem dass diese eigenschaften schon naturgegeben bei geburt je nach mensch unterschiedlich stark ausgeprägt im inneren respektive im gehirn verankert und vorhanden sind. Bei einem menschen ist halt „das gute" überproportional vorhanden, bei einem anderen ist es „das böse". Gleichwohl kann es sein dass derjenige der bei geburt mehr gutes in sich getragen hat, später zu einem massenmörder wird. Und dass derjenige dessen hirn eher auf schlechtes „programmiert" war, sich sein leben lang für die menschen einsetzt, für karitative organisationen arbeitet und nie durch verbrechen oder sonstige böse absichten auffällig wird. Es ist eine frage der wahrscheinlichkeit dass sich diese menschen „entgegen ihrer natur" entwickeln.
Und vor allem ist es, nach wie vor, eine frage der reize denen diese menschen während ihrem leben ausgesetzt waren!
Beispielsweise gibt es gegenden auf dieser welt in denen die kriminalität extrem hoch ist.
Warum? Weil dort aussergewöhnlich viele von natur aus böse menschen leben? – Nein, gewiss nicht!
Sondern weil sie in einem umfeld aufwachsen in denen sie extrem vielen und starken negativen reizen ausgesetzt waren und sind. Die

wahrscheinlichkeit dass ein mensch in dieser gegend selbst „böse" wird, ist sehr hoch.

Es muss aber gar nicht die gegend sein, die negative reize auf einen menschen setzt. Es können ganz perfide, kleine, unscheinbare reize sein, die einen bisher ganz lieben, netten menschen „explodieren" (in welcher art und weise auch immer) lassen. Der einzelne mensch an sich kann sich dagegen nicht wehren, er kann nicht entscheiden was er tut und was nicht. Unser gehirn gibt uns die befehle, diese können wir nicht ablehnen und auch nicht hinterfragen. Wenn ein gedanke abgelehnt oder hinterfragt wird, dann tut dies das gehirn „selbst" (im auftrag des kosmos/universums).

Im zusammenhang mit diesem „bösen" möchte ich dir noch etwas sagen.

Es ist „mir" absolut klar dass es in der natur des menschen liegt dass unser gehirn uns das gefühl von ärger und vor allem auch wut zukommen lässt, wenn uns oder menschen die wir lieben böses/schlechtes widerfährt. Vor allem natürlich dann wenn dieses böse/schlechte von einem menschen verursacht oder verübt wurde. Ich hoffe jedoch dass ich dir mit dem aufzeigen des nichtvorhandenseins des eigenen „ichs", der machtlosigkeit seine gedanken zu bestimmen und somit der nicht existierenden „schuldfähigkeit" eines menschen, irgendwie auch potentielle künftige wut nehmen oder diese dadurch zumindest mindern konnte. Es kann absolut jeden menschen „erwischen", absolut wirklich jeder kann unter gewissen umständen „zum bösen" mutieren. Und absolut kein mensch sucht sich das aus. Wir sollten auf keinen menschen dieser erde wütend sein, egal was ihm aufgetragen wurde, auszuführen!

Ich rate, ob kleinere, grössere oder auch ganz ganz schwere schicksalsschläge mit einer gewissen demut zu ertragen.
(Tiefe) trauer – ja! (Grosse) wut – nein!

Dazu möchte ich aber sagen dass dies nicht heissen soll dass du den menschen, die dir leid zugefügt haben oder die dir einfach nicht sympathisch sind, mit liebe und offenherzigkeit begegnen sollst. Nein! Es gibt menschen die einem einfach nicht guttun. Von diesen gilt es sich zwar zu distanzieren, wir sollten aber verständnis dafür aufbringen wie diese menschen sind und sie keinesfalls hassen oder sonstige negative gefühle aufkommen lassen, da „sie selbst" keine schuld trifft. Viel eher sollten wir sie stattdessen einfach meiden, nichts mit ihnen zutun haben, sie nicht an unserem leben teilhaben lassen. Ich weiss, es klingt in theorie bedeutend einfacher als es sich in wirklichkeit oftmals darstellt. Aber wir sollten dies so gut wie möglich beherzigen und umsetzen.

Kleiner einschub:
Das mit dem „verständnis aufbringen", gilt übrigens auch wenn es um kleinigkeiten, die dich in deinem umfeld oder einer partnerschaft stören/nerven, geht. Sei dir bewusst dass jeweils der mensch, der dich gerade „nervt", keine „eigene" entscheidungsmacht besitzt. Der andere mensch trägt nie eigene schuld. Womöglich kannst „du" dem anderen menschen aber reize zukommen lassen welche sein gehirn auf die weise beeinflussen dass dieser mensch dich nicht mehr oder zumindest weniger nervt. Vielleicht ist es mir auch mit dieser aussage gerade eben gelungen einen reiz auf dein gehirn auszuüben welcher dich entspannter in diesen vermeintlich „nervigen" situationen bleiben lässt…

Jetzt stellt sich noch eine frage im zusammenhang mit „dem bösen" auf unserer welt.
„Wie sollten wir mit menschen umgehen die (schwere) straftaten verübt haben?"
Eine extrem schwierige frage.
Da sie meiner meinung nach 0.0% schuldfähig sind, dürfte man sie folglich eigentlich ja auch nicht bestrafen…
Würde man allerdings keine verbrechen mehr ahnden, würde dies bereits einen höchst gefährlichen reiz setzen. Unser gehirn würde „uns" übermitteln: „Hey, du kannst jetzt, falls „nötig", stehlen und morden, es wird keine folgen haben." Das wäre ein vorprogrammiertes chaos und somit keine gute lösung.
Sollten wir die menschen die schwere straftaten begangen haben stattdessen wirklich foltern und dann sterben lassen? Dies würde einen total anderen reiz auf unser gehirn ausüben. Unser gehirn würde „uns" übermitteln: „Hey, pass auf! Du darfst keinen scheiss bauen sonst wirst du elendlich verrecken." Dies hätte bestimmt zur folge dass es viel viel viel weniger dieser grausamen verbrechen geben würde. Also, ist das die lösung? – Nein! Weil es immer noch einige menschen geben würde die ein verbrechen verüben werden. Diese trifft keine eigene schuld und trotzdem müssten sie elendlich verrecken um das gesellschaftliche konstrukt aufrechtzuhalten. Also auch keine (vertretbare) lösung.
Sollten wir die menschen die ein verbrechen verübt haben wie bisher in gefängnissen einsperren? Nein, ich finde diese lösung nicht okay! Die verbrecher trifft keine selbstschuld und dürften deshalb nicht als gefangene, nicht frei lebende menschen, gehalten werden.
Ich denke es gibt keine „gute" lösung. Nur die die am wenigsten schlecht ist. Und ich bin nicht sicher wie die genau aussehen sollte. Die lösung die mir spontan einfällt, ist dass die (schwer)kriminellen per

giftspritze (oder etwas vergleichbarem) einen schmerzlosen, schnellen und „würdigen" tod finden könnten. Ich finde man muss die menschen vor „dem bösen" soweit als möglich schützen aber man darf „den bösen", da ohne selbstschuld, kein leiden zufügen!

Welchen einfluss diese lösung des „sanften todes" auf die menschen hätte, weiss ich nicht. Relativ schwierig zu sagen ob dieser umgang mit straftätern eher abschreckend wirken würde, da man durch eine (schwere) straftat sein leben verlieren würde oder ob es allenfalls sogar etwas mehr straftaten geben würde, da die zu erwartende strafe weder physisches noch psychisches leiden verursachen würde…

zufall oder schicksal?

So, ich kann dich beruhigen. Wir haben den „kompliziertesten" teil dieses buches hinter uns.
In der folge möchte ich mich, und auch dich, nicht mehr länger als „nötig" mit den ausstehenden themen „quälen". Es sind nicht mehr viele themengebiete, aber man könnte über jedes dieser gebiete an sich schon ganze und zwar dicke bücher schreiben. Ich möchte jedoch nur noch einige kernbotschaften übermitteln und relativ zügig auf die zielgerade einbiegen und dann sehr bald die ziellinie passieren.

Also, zum thema „zufall oder schicksal?":
Auch eine grosse frage der menschheit, ob unser dasein, unser leben, auf zufall/zufällen oder schicksal/schicksalen basiert und passiert. Oder vielleicht allenfalls ja gar auf einer durchmischung dieser beiden möglichkeiten?

Diese frage ist in sehr hohem masse mit dem bereits abgehandelten kapitel „cogito ergo sum." verbunden. Ich schätze die situation wie folgt ein und möchte mich dabei, wie gesagt, kurz halten.

Ich denke dass alles was in unserem leben geschieht, uns, also unseren gehirnen, als zufall „erscheint". Das heisst soviel wie dass „wir", also unsere gehirne, nie wissen können was als nächstes passieren wird. Unsere gehirne haben zwar aufgrund von erfahrungen erwartungen was geschehen wird/könnte, aber wissen können „wir" es nie. Unser gehirn ist andauernd irgendwelchen reizen aus unserer umwelt ausgesetzt. „Wir" können nicht wissen wie der nächste reiz, der auf

uns einwirken wird, aussieht und auch nicht wie wir darauf reagieren werden.
Wir leben also in einer welt die für uns aus lauter zufällen besteht!

Dennoch habe ich ja in „cogito ergo sum." davon erzählt dass „ich" denke dass unser gehirn über eine bestimmte naturgegebene „starteinstellung" verfügt. Und dass das gehirn danach von äusseren reizen beeinflusst und geformt wird. Und genau diese unzähligen reize, die „wir" jeweils als zufall empfinden, sind es, die meiner meinung nach in der gesamtheit wohl kaum zufall sein können. Wir reagieren auf „zufällige" reize, und diese „zufälligen" reize reagieren wiederum auf andere „zufällige" reize, und diese „zufällig" auf auf „zufällig" reagierenden reize reagierenden reize, reagieren wiederum auf andere „zufällige" reize (oder so;), und so weiter und so fort. Funktioniert auf jeden fall wie ineinandergreifende zahnrädchen.

Dabei stellt sich mir die folgende frage:
„Wer oder was hat (zumindest) den ersten impuls, den allerersten reiz gesetzt?"
Die antwort darauf lautet meiner meinung nach:
„Die natur, das universum, der kosmos."
Somit erachte ich das grosse ganze nicht als zufall, sondern als naturgemachtes und -gegebenes schicksal. Und ich möchte gewiss nicht noch weiter denken und mich fragen: „Was hat denn dem universum/dem kosmos/der natur den reiz respektive „den auftrag erteilt" dass „es" einen reiz setzen soll?" Weil an dem punkt wird es, selbst für mich, creepy und spooky oder – auf gut deutsch – irgendwie gruselig. Diese frage wäre, für meinen bescheidenen „verstand", schlichtwegs fernab des denkbaren...

PS: Wie eben gesagt, denke ich dass unser leben grundsätzlich dem schicksal unterliegt. Ich kann mir allerdings sehr sehr gut vorstellen dass gewisse dinge nicht in der hand des schicksals (der natur/des universums/des kosmos) liegen. Ich denke dabei an dinge die unser gehirn nicht steuern kann.
Dadurch fällt es mir schwer zu glauben dass diese „durch etwas höheres vorgegeben" sind. Somit wären sie als zufälle einzustufen. Und durch diese zufälle verändert sich auch der verlauf des lebens/schicksals – vielleicht nur in ganz kleinem masse, vielleicht aber auch mit immensen auswirkungen.
Beispiel: Ich denke die lottozahlen die jemand ausfüllt, basieren theoretisch auf schicksal (da vom mensch/gehirn ausgewählt), aber welche lottozahlen gezogen werden, basiert auf reinem zufall (da nicht vom mensch/gehirn beeinflussbar). → Je nachdem wie die ziehung der lottozahlen ausgeht, kann sich jemandes leben/schicksal sehr stark verändern.

Ich möchte das zusammenspiel von zufall und schicksal gerne noch anhand der folgenden metapher versuchen zu verdeutlichen:
Wir nehmen als situation ein fussballspiel (sinnbildlich für das leben). Es treffen also 2 teams aufeinander. Ohne die zufalls-komponente würde das spiel einem vom schicksal vorherbestimmten spielverlauf unterliegen und dementsprechend würden sich die teams auch resultatmässig trennen.
Jetzt gibt es aber wohl diese zufalls-komponente im leben – und somit auch in meinem beispiel. „Zufall" spielen darf hier der schiedsrichter. (Achtung: Der schiedsrichter stellt hier „den zufall" nur metaphorisch dar!)
Er hat als „zufall" die macht, das „schicksal" zu verändern.

Beispiel:
Der schiedsrichter gibt in einer umstrittenen situation einwurf für team B. Allerdings hat ein spieler von team B den ball noch ganz leicht berührt. Somit hätte der einwurf dem team A zugesprochen werden sollen. Ein vermeintliches detail. Der schiedsrichter hat aber mit seiner entscheidung ins schicksal eingegriffen und dieses verändert. Ab diesem zeitpunkt kann keine weitere spielsituation mehr haargenau dieselbe sein, wie wenn er team A hätte einwerfen lassen. Ob er aber das spiel als solches dadurch verändert hat, ist eher zu bezweifeln. Vermutlich wird trotzdem „das richtige/bessere" team die partie gewinnen.

Was wäre aber wenn der schiedsrichter fälschlicherweise penalty pfeifen würde? Schicksal verändert? – ja! Ergebnis verändert? – wahrscheinlich! Sieger der partie verändert? – womöglich!

Zufälle beeinflussen und verändern also unser schicksal – unser leben. Oftmals nur in geringfügigem masse, sie können unser leben aber auch total auf den kopf stellen…

gehirn im tank

Nur ganz kurz zu einem gedankenexperiment:
Es ist irgendetwas zwischen witzig und beängstigend aber sicherlich interessant dieses szenario einmal kurz durchzudenken.

Folgendes ist ein auszug des wikipedia-eintrags zum „gehirn im tank":
„Das gehirn im tank (englisch brain in a vat) ist ein gedankenexperiment, bei dem es darum geht, unsere vorstellungen von wissen, realität, wahrheit, bewusstsein und bedeutung zu durchdenken. Herangezogen wird ein beispiel eines computers, welcher ein gehirn (im tank/glas/fass) künstlich mit elektrischen impulsen versorgt, so wie es ein realer körper tun würde. Es stellt sich dann die frage, ob das gehirn feststellen kann, ob es in einer realen umgebung, also einem realen körper, oder in einer simulierten realität steckt."

Sind „wir" also nur ein gehirn, welches in einem tank platziert ist? Uns werden mittels von computergesteuerten elektrischen impulsen alle möglichen reize zuteil, die wir im „echten leben" wahrnehmen könn(t)en. Unser körper und alles weitere wäre somit nur einbildung respektive vom computer gesteuerte effekte...

Ich kann dich beruhigen, an diese „theorie" glaube ich nicht. Sie ist gruselig aber trotzdem äusserst interessant und „amüsant". Viele spielfilme greifen übrigens ähnliche ideen auf.
Rein theoretisch könnte diese „theorie" aber natürlich stimmen, sofern mindestens ein intelligentes wesen tatsächlich existiert (hat), welches die apparatur (gehirn im tank) gebaut und das gehirn daran

angeschlossen hat. Und dieses wesen/diese wesen müsste/n dann auch geplant haben dass „ich" jetzt gerade über diese theorie nachdenke...

das leben

Zum anbeginn unserer zeit waren wir das schnellste, das „erfolgreiche" spermium unter ganz vielen.

Das leben des einzelnen individuums, das ganze gesamtheitliche leben im universum und das universum selbst, sind ein grossartiges phänomen – ein „wunder" dem wir für eine gegebene frist beiwohnen dürfen.

Müssen wir also erstaunt darüber sein dass wir überhaupt existieren? Nein! Weil wenn es uns nicht gäbe, könnten wir ja gar nicht erstaunt darüber sein dass es uns gibt.
Nun gibt es uns aber...somit ist es nicht erstaunlich.

Das leben an sich ist etwas wunderbares und es ist für jeden von uns einmalig.
Ich würde dazu raten dass leben grundsätzlich mit zufriedenheit und einer tiefen demut als „geschenk" anzunehmen.

der tod

Zum tieferen sinn des todes sagte der philosoph wilhelm schmid:
„Erst der tod macht das leben wirklich wertvoll."

Der tod gehört unabwendbar zum leben dazu.
Aber die meisten menschen lassen die gedanken an den eigenen tod möglichst lange gar nicht zu, was ihnen bestimmt ein gewisses gefühl der unsterblichkeit verleihen mag.

Ich persönlich habe, obwohl ich noch eine weile leben möchte, überhaupt keine angst vor dem sterben. Schliesslich haben es schon über 100'000'000'000 (100 mrd.) menschen vor mir „geschafft".
Natürlich habe ich aber angst vor starken schmerzen, so hoffe ich sehr dass ich nie unter schier unvorstellbaren schmerzen zu leiden habe und allenfalls unter solchen sterben muss.
Ich denke bei mir käme der zeitraum in dem ich (mehr) angst/respekt vor dem tod hätte, wenn ich einmal kinder hätte. Vor allem in der zeit in der diese aufwachsen, ist man bestimmt (noch) vorsichtiger und will unbedingt verhindern dass man bereits frühzeitig stirbt und seine kinder ohne ihre mutter oder ihren vater gross werden müssen.
Grundsätzlich aber, habe ich mehr angst vor dem tod der mir nahestehendsten menschen.

Zum thema beerdigungen vertrete ich die meinung einer figur aus john green's buch „das schicksal ist ein mieser verräter", welche sich wie folgt äusserte:
„Beerdigungen sind für die lebenden, nicht für die toten."

unsterblichkeit

Entspringt dieser wunsch nach unsterblichkeit, den ja ganz viele menschen verspüren, schlichtweg der eigenen angst vor dem tod? Die antwort darauf muss sich eigentlich jeder, der diesen wunsch verspürt, selber geben.

Ich denke so gut wie alle menschen sehen ein und akzeptieren dass ihr dasein ein befristetes ist.
Und ob dieser aussichtslosigkeit auf eigene unsterblichkeit, (er)fanden die menschen einen anderen weg um sich „unsterblich" zu machen. Nämlich damit dass sie zeit ihres lebens dinge erreichen, dinge „schaffen", an die sich die nachwelt erinnern wird. Oder platt ausgedrückt: Die menschen wollen berühmt werden und sich somit die illusion schaffen und aufrechterhalten dass sie nicht vergessen werden und sie auf eine gewisse art und weise weiterleben.

Meine meinung dazu:
Es freut mich für diese menschen dass sie „grosse" ziele haben und diese verfolgen. Und ja, es kann sich bestimmt toll anfühlen, berühmt zu sein...
Allerdings möchte ich diesen menschen folgende informationen bezüglich der unsinnigkeit ihres bestrebens zukommen lassen:
Wir leben kaum 100 jahre. Wenn du „grosses" erreicht/geschafft oder geschaffen hast, ja dann erinnern sich einige oder auch viele menschen auch eine gewisse zeit nach deinem ableben noch an dich. Aber spielt dies denn eine rolle für dich, wenn du doch tot bist? Du bekommst von alldem nichts, rein gar nichts mehr mit. Und zudem: Wie lange werden sich dann die menschen noch an dich erinnern?

Okay, durch die heutige und künftige technik wird es wohl möglich sein dass man sich noch einige hundert, vielleicht auch noch in einigen tausend jahren an dich „erinnern" könnte.
Aber wie gesagt: Du hättest davon nichts mehr.

Und sowiso, irgendwann kommt der moment wo die menschheit nicht mehr existieren wird. Nichts und niemand wird sich noch daran erinnern können dass du, dass ich und dass wir menschen überhaupt je einmal existiert haben...
Klingt irgendwie bitter, aber genau so kommt es – unausweichlich.
Also, wofür mühen und stressen wir uns hier so derart ab...?!

Sei dir bewusst dass wir alle, nicht nur in bezug auf unsere körpergrösse im verhältnis zum ganzen universum, sondern auch in bezug auf unser zeitliches dasein im verhältnis zur dauer die das universum bereits existiert hat und noch weiter existieren wird, so so so sooo winzig, so derart unwichtig und im grunde quasi inexistent sind!

Die gründe, also die einzigen dinge die „uns" glauben lassen dass wir eine bedeutung haben würden, sind zum einen unser gehirn, welches es ja auch nicht besser wissen kann und zum anderen unser umfeld, welches es, ja du ahnst es, auch nicht besser wissen kann.

der (un)sinn des lebens

Nachdem ich es bei den paar vorangegangenen themen tatsächlich geschafft habe, diese doch relativ kurz zu halten und wir deswegen in windeseile durch sie hindurch gerauscht sind, sind wir nun beim letzten thema dieses buches angelangt.

Wie du beim lesen des kapiteltitels unschwer erkennen kannst, dreht es sich hierin um den sinn oder vielmehr um den unsinn des lebens. Und ich möchte dir keine falschen „hoffnungen" machen…
Unser persönliches dasein hat meiner meinung nach keinen tieferen und somit auch keinen grossen sinn. Alles was du, was ich, was wir hier auf erden veranstalten ist im grunde sinnlos.
Zumindest das, was jeder als einzelner mensch tut und lässt – es ist schlichtweg total unbedeutend auf das ganze gesehen.

Ist diese unsinnigkeit und unwichtigkeit der eigenen existenz deprimierend?
Oder wirkt sie sogar irgendwie befreiend?
Das muss letztlich jeder mit sich selbst ausmachen.
Aber ich denke es entsteht wohl in den meisten fällen eine kombination dieser beiden adjektive.
Es ist schon irgendwie deprimiered dass, egal was man zeit seines lebens tut und lässt, irgendwann einfach alles vorbei ist – zuerst das eigene leben, später auch jenes unserer nachkommen und nachfahren und irgendwann schliesslich auch jenes der gesamten menschheit. Es ist und war alles „für nichts"! Aus dieser sinnlosigkeit kann leicht auch eine antriebslosigkeit hervorgehen.

Andererseits kann diese bedeutungslosigkeit der eigenen existenz auch äusserst befreiend wirken und einem eine gewisse „leichtigkeit des seins" verleihen.

Eben, ich habe gesagt dass das dasein des einzelnen bedeutungslos sei. Ich bin mir aber auch ziemlich sicher dass der kosmos (das universum/die natur) irgendeine „absicht" (inwiefern auch immer dieses wort verstanden werden möchte) hatte, als er diesen einen allerersten reiz gesetzt hat und damit „das ganze" was darauf folgte, bestimmt und in gang gebracht hat.
Dies würde also bedeuten dass wir als menschheit schon einem gewissen tieferen sinn einer „höheren macht" unterliegen. Und wenn wir uns, als einzelnen menschen betrachtet, als ein klitzeklitzekleines puzzleteil „des ganzen" betrachten, dann dürfen wir uns womöglich sogar als nicht komplett und in gänze sinnlos in unserer existenz sehen.

Ich denke der grosse „auftrag"/(sinn) den wir als menschheit zu erfüllen haben, ist es uns zu reproduzieren, also nachwuchs/kinder zu bekommen. Das heisst nicht dass jeder mensch nachwuchs zeugen muss, sondern damit meine ich die menschheit als ganzes. Wie aber das „experiment"/der plan, initiiert, gelenkt und gesteuert vom kosmos/universum/natur, genau aussieht und was der zweck dahinter ist, weiss ich natürlich nicht.

Und worin soll der sinn des lebens eines einzelnen menschen bestehen? Also auch deines lebens...
Ich denke, den hast du „selbst" zu finden.
Oder besser gesagt: Dein gehirn wird sich auf die suche danach machen.

Und natürlich werden die gezogenen schlüsse, welche dir dein gehirn offenbart, entsprechend seiner naturgegebenen „starteinstellung" und den während deines lebens auf dein gehirn einfallenden reizen, ausfallen.

Ich möchte dieses thema gerne mit einem zitat des verstorbenen publizisten roger willemsen abschliessen:

„Der sinn des lebens besteht darin, die gegebene frist sinnvoll zu nutzen."

schlusswort

Ja, „schlusswort" – ein klares indiz dafür dass das ziel nicht mehr weit vor uns liegen kann.

Ich möchte mich bei dir aus tiefstem herzen dafür bedanken dass du mit mir diese reise getan hast! <3

Ich hoffe du konntest dein herz und deinen verstand öffnen und dich somit auf diese (teils philosophische) reise einlassen. Es würde mir wirklich viel bedeuten wenn ich dich dazu inspirieren konnte dinge zu hinterfragen und künftig etwas öfters und ausgedehnter über das leben, die welt und das universum nachzugrübeln, zu reflektieren und ja, auch zu philosophieren. ;) Ausserdem hoffe ich dass du das buch nicht als allzu deprimierend empfandest und es nicht sehr verstörend für dich war, es zu lesen. Und vor allem hoffe ich dass einige reize eine positive wirkung auf dein gehirn und somit auf dich und dein leben hatten und haben werden.

Jetzt ist es also fast vorbei, das schreiben dieses buches.
Ich empfinde es als eine erleichterung mir endlich meine gedanken, ideen und ansichten „von der seele" geschrieben zu haben. Endlich sind meine gedanken auch woanders als in meinem kopf...
Ich weiss, in manchen dingen habe ich mich wohl des öfteren wiederholt. Aber wenn einem etwas sehr am herzen liegt dann möchte man die äusserungen so fett wie möglich unterstreichen damit diese auch sicher wahrgenommen werden und wenn möglich auch hängen bleiben.

Das buch hat ja doch einen gewissen umfang angenommen. Dies wohl vor allem auch deswegen weil ich viel an der welt, der gesellschaft, zu kritisieren hatte und habe. Dabei sollten wir uns jedoch bewusst sein dass wir wahrscheinlich in so ziemlich der lebenswertesten gegend und gesellschaft der ganzen welt leben – und trotzdem hatte ich derart viel negatives zu berichten. Nicht vorzustellen was ich noch alles zu schreiben gehabt hätte, würde ich in einem ganz anderen teil der welt leben! (Falls ich dann überhaupt schreiben könnte…)

Ich möchte noch klarstellen dass auch wenn ich viele gesellschaftliche aspekte kritisiert und mitunter auch in frage gestellt habe, ich keinesfalls „heilig" oder so was in der richtung bin. Ich bin, auch wenn womöglich nicht ganz unweise, in so mancher hinsicht genauso ein teil dieser alles andere als perfekten gesellschaft.

Ich habe dieses schriftstück gewiss nicht „freiwillig"/aus eigenem willen verfasst. Es wurde mir vom „schicksal", der natur, dem universum, dem kosmos aufgetragen. Und ja, vielleicht hat auch der ein oder andere zufall dazu beigetragen. Und sollte ich der „nachwelt" sonst nicht wirklich etwas hinterlassen, so wäre es zumindest dieses buch…

Nun möchte ich noch ein paar statements abgeben, die entweder nie so richtig zum jeweiligen thema gepasst haben, ich womöglich (so ähnlich) bereits einmal gesagt habe oder mir schlichtwegs erst jetzt in den sinn kamen:

„Ich glaube an „das gute" im menschen! Allerdings müssten grundlegende strukturen und organisationsformen verändert, abgeschafft und/oder geschaffen werden um viel mehr des „guten" in den menschen ans licht zu bringen."

„Wenn 3-minütige songtexte das tiefgründigste sind was die heutige jugend/menschheit in unserer gesellschaft konsumiert, dann kann diese welt nur ein oberflächlicher und unweiser ort sein."

„Wer nicht komplett „aussteigt" ist ein teil der gesellschaft und somit bis zu einem gewissen punkt eine marionette derselbigen. Versuche an möglichst wenigen fäden zu hängen!!!"

„Mein tipp: Nicht miracel whip, sondern:
Zwar modern aber viel mehr im einklang mit der natur leben."

„Meiner meinung nach sollten alle „bösen" menschen und alle weiteren mit schlechten absichten dieses buch lesen und versuchen es zu verstehen. Wenn dies nichts „helfen" würde, gäbe ich mich geschlagen…"

quintessenz

Wir sind nun definitiv am ende angelangt.

Vielen herzlichen dank nochmals für deine aufmerksamkeit! <3

Ich möchte dieses buch gerne mit einem weisen auszug eines weisen liedtextes eines noch weiseren menschen beenden:

> „2 x 3 macht 4
> widdewiddewitt und 3 macht 9e!
> Ich mach' mir die welt
> widdewidde wie sie mir gefällt…"

(zitat: pippilotta viktualia rollgardina pfefferminza efraimstochter langstrumpf / astrid lindgren)